O Massacre dos Libertos

Coleção Estudos
Dirigida por J. Guinsburg
(*in memoriam*)

Coordenação de texto Luiz Henrique Soares e Elen Durando
Preparação Manuela Penna Azi
Revisão Marcio Honorio de Godoy
Capa Sergio Kon
Editoração A Máquina de Ideias
Produção Ricardo W. Neves e Sergio Kon

Matheus Gato

O MASSACRE DOS LIBERTOS
SOBRE RAÇA E REPÚBLICA NO BRASIL
(1888–1889)

CIP-Brasil. Catalogação na Publicação
Sindicato Nacional dos Editores de Livros, RJ

G234m
Gato, Matheus
    O massacre dos libertos : sobre raça e república no Brasil (1888-1889) / Matheus Gato. - 1. ed. - São Paulo : Perspectiva, 2020.
    192 p. ; 22 cm. (Estudos ; 371)

    Inclui bibliografia
    ISBN 978-85-273-1222-6

    1. Brasil - História - Abolição da escravidão, 1888. 2. Brasil - História - Proclamação da República, 1889. I. Título. II. Série.

20-62460   CDD: 981.05
                                                       CDU: 94(81).07

Vanessa Mafra Xavier Salgado - Bibliotecária - CRB-7/6644
20/01/2020   22/01/2020

1ª edição

Direitos reservados em língua portuguesa à
EDITORA PERSPECTIVA LTDA.

Av. Brigadeiro Luís Antônio, 3025
01401-000 São Paulo SP Brasil
Telefax: (011) 3885-8388
www.editoraperspectiva.com.br

2021

Sumário

Apresentação – *Antônio Sérgio Alfredo Guimarães*..........xi

Introdução xv

    Processos de Racialização e Sociologia dos Eventos
Históricos xvii

    Fontes xxi

1. Uma Malta de Homens de Cor........................ 1

    A Construção do Silêncio........................... 3

    O Olhar dos Contemporâneos....................... 9

    Os Negros e a Política no Pós-Abolição 20

2. Raça e Cidadania no Pós-Abolição Maranhense
(1888-1889).. 35

    A Crise do Escravismo no Maranhão................ 39

    Os "Preconceitos de Raças" e a Abolição 49

"Nada os Satisfaz":
O "Liberto" Como Problema Social 61

3. A Liberdade dos Brancos 73
"Eles Já Se Presumem de Igual Para Igual":
A Questão das Indenizações e o Movimento
Republicano 75
Os Negros e a Política das Ruas 89

4. O Massacre 103

5. A Fraternidade Racial 131

Notas... 139
Referências Bibliográficas........................... 149
Créditos das Imagens, Quadros e Tabelas 157
Agradecimentos...................................... 161

Daí a pouco ouviu-se o estrondo dos primeiros tiros. [...]. Os negros se imobilizaram, comprimidos na rua dos Barbeiros, como se fossem retroceder. Uma parte deles chegou a refluir para o Largo do Carmo, num esboço de correria pânica. Silêncio. E depois um grito que se repetiu: – É pólvora seca!

Logo a multidão volveu à boca da rua, mais impetuosa, mais aguerrida, como incitada pelo fiasco da represália. Por cima das cabeças só se viam os cacetes e as barras de ferro. Na claridade dos lampiões reluziam as lâminas das facas, das navalhas e dos punhais. E de vez em quando, por cima do marulho da multidão enfurecida, o coro de vozes se repetia: – Viva a princesa Isabel!

De novo estrondaram os tiros, e desta vez as cargas se repetiam, cerradas, umas atrás das outras. Agora não eram tiros a esmo para intimidar o povo, eram cargas de balas sobre os negros, matando uns, ferindo outros, e obrigando a multidão retroceder, ladeira acima no sentido do Largo do Carmo, ladeira abaixo no sentido da Praia Grande. Era o salve-se quem puder no atropelo da debandada. E de mistura com a fuga dos pretos, que iam largando pelo caminho as suas armas, começaram a soprar os ventos gerais, sibilando, zinindo, assobiando, como a vaiar e a perseguir os fugitivos, que se dispersavam pelas ruas.

Damião deu por si ao pé da ladeira da rua da Palma, junto a um negro ensanguentado. Com um lenço procurava conter-lhe a hemorragia: – Vai passar, vai passar – tornava a dizer-lhe, tentando animá-lo, mas sentia que a vida do outro se esvaía no sangue que não parava.

Adiante, na mesma calçada, havia dois mortos. Dois outros pouco além, na calçada fronteira. Outros mais, no meio da rua. E feridos por toda parte, gemendo, gritando, pedindo que os socorressem, alguns a se arrastarem nas pedras do calçamento, com as forças que lhes restavam.

JOSUÉ MONTELLO, *Os Tambores de São Luís*.

Apresentação

O ensaio que vocês lerão analisa um evento, um período histórico e um sentimento. Um sentimento que aos poucos, ao longo de muitos anos, transformou-se em pensamento compartilhado pela população negra brasileira. Ano após ano, a luta contra o cativeiro, das resistências individuais aos quilombos, fora tecendo o que viria a ser o abolicionismo, transformado nos anos 1880 no primeiro grande movimento social brasileiro, como bem entendeu Angela Alonso. O abolicionismo embalou entre o povo, os libertos e os escravizados, os nossos sonhos de liberdade e de justiça. Contra esses sonhos se opuseram os donos do poder. Mas a abolição do trabalho escravo foi feita pela Monarquia, alimentando no povo a esperança de que o fim do cativeiro se consolidaria, no que pese a resistência dos poderosos.

A República de 1889, todavia, embaralhou todas as cartas postas à mesa pelo abolicionismo, e acabou por promover a rearticulação do bloco no poder. É que depois de maio de 1888 a causa republicana ganhou, aos poucos, a adesão dos escravistas, que continuaram buscando reparação pelas vidas que escravizavam. Ficou com o povo o sentimento de abolição inacabada, de liberdade a meias.

Nossos melhores sociólogos e historiadores já se debruçaram sobre esse sentimento para compreendê-lo. Conceitos como revolução inacabada, persistência do passado, revolução conservadora, donos do poder, foram mobilizados para entendê-lo. Na linguagem da política ativista, desde 1889 o povo negro deu-se como tarefa reorganizar a luta por uma segunda abolição. Matheus Gato tenta, neste livro, uma estratégia nova para pensar tal sentimento. Focaliza num acontecimento-chave do período crítico da transição entre maio de 1888 e novembro de 1889: a fuzilaria assassina desferida sobre uma multidão popular que procurava defender os direitos recém-conquistados, mas não ainda plenamente usufruídos, pela Abolição, em São Luís do Maranhão, a 17 de novembro de 1889. Quem ordenou a carga sobre os manifestantes pretendeu não compreender o porquê do protesto: que liberdade e direitos estariam ameaçados, se nem existiam? Só a ignorância popular poderia, naquele rincão do Brasil, acalentar ainda os sonhos abolicionistas. Ah, a boa consciência dos poderosos!

Penetrar nessa camada tão sólida de ideologias, de desconhecimento do outro, de estabelecimento da desigualdade enquanto norma, a que o outro não pode ascender sem o seu próprio viés, foi essa a tarefa de Matheus. Para tanto, buscou as ferramentas das ciências sociais e o método da história social. Concentrar-se num evento que consolida o período, reconstituí-lo pacientemente a partir de evidências e fragmentos, compreender os pontos de vista que guiaram as percepções de contemporâneos àqueles acontecimentos da história oficial, tencioná-las em interpretações várias para, ao fim, descobrir um mundo de sentidos diversos da ação.

O leitor terá a oportunidade de acompanhar, na reconstrução do evento de 17 de novembro de 1889, a formação de um Brasil contemporâneo que não se limitou ao Maranhão. Naquele interregno crítico entre a Abolição e o golpe republicano, com o povo nas ruas em defesa da Monarquia, dando continuidade à mobilização abolicionista, estava em jogo o direito à propriedade fundiária, assim como a defesa da antiga ordem em que o escravo era ele mesmo uma propriedade. Uns lutavam por acesso à terra como único modo de garantir a liberdade assegurada pela emancipação, já os ex-senhores lutavam para serem ressarcidos da liberdade dos primeiros.

A ordem racial que começara a ser explicitada no abolicionismo passa, então, a ser reconstruída a partir de marcadores corporais, raciais e étnicos, como a cor e os costumes, para manter a antiga ordem social de privilégios de classes e de categorias sociais. A já consolidada classe remediada de cor, os negros e mulatos nascidos livres, os libertos ainda durante o escravismo, assim como os emancipados no 13 de Maio, são todos agora reclassificados por esses marcadores raciais, que vão adquirir novo significado. A cor (ampliada para incorporar traços físicos e culturais associados aos africanos) passará a ser o signo maior de posição social.

A razão da desconfiança dos negros com a República é assim exposta por Matheus de maneira brilhante, emprenhando de lógica e clareza um comportamento reativo que os brancos contemporâneos não conseguiram entender. Da mesma forma, o autor reconstrói o modo como os republicanos terão de aplacar as esperanças dos que se viram reduzidos à liberdade sem meios de sobrevivência senão por novas formas de sujeição. Um dos pontos altos do livro é a sua narrativa sobre a destruição dos pelourinhos e a invenção simbólica de uma fraternidade racial que sustentasse a desigualdade social marcada pela cor na Primeira República.

Nessa empreitada histórica, chama atenção o modo como Matheus dialoga com suas fontes e com a vasta bibliografia pertinente, como é capaz de enquadrar socialmente o historiador que antes dele narrou os acontecimentos, a literatura ficcional ou memorialista dos que presenciaram os eventos, assim como os jornais da época e suas outras fontes. Ele consegue, desse modo, dar um novo lugar interpretativo para a sociologia consagrada de Gilberto Freyre, quando este sugere que a violência e o terror foram ensaiados como instrumentos de controle da população negra; de Florestan Fernandes, quando este erige o regime republicano como pressuposto para a cidadania dos negros; da chamada escola paulista, da qual inverte a afirmação da raça como persistência do passado, postulando tratar-se apenas do nascedouro da modernidade brasileira.

Do ponto de vista interpretativo, o ensaio é construído em diálogo com a historiografia atual sobre o pós-abolição, a sociologia histórica do período e a reflexão sociológica corrente sobre raça, cor e classificações raciais. Balanceando de modo rigoroso as ciências sociais e a reconstrução histórica, com cuidado, prudência, evidências empíricas e interpretação de textos e documentos, Matheus nos ensina um pouco mais do modo como se formou o Brasil contemporâneo.

Por fim, me permitam uma nota pessoal. Para quem, como eu, teve a responsabilidade de orientar a trajetória do autor pelos anos de formação pós-graduada, estabelecendo com ele um diálogo que pudesse aplacar – sempre provisoriamente – a sua curiosidade intelectual e teórica, este ensaio é o coroamento de um ofício simples e, ao mesmo tempo, muito complexo – o de ensinar o que se sabe e aprender com quem se ensina: o ofício de professor, que transforma em colega e amigo o ex-aluno.

*Antônio Sérgio Alfredo Guimarães**

---

* Professor titular da Universidade de São Paulo (USP), Tinker Visiting Professor na University of Chicago (Sociology e Center of Latin American Studies), e membro vitalício do Clare Hall, University of Cambridge, Reino Unido, onde foi titular da cátedra Simón Bolívar no ano letivo 2016-2017.

Introdução

Não é exagero dizer que certos acontecimentos se apagaram tanto da memória coletiva de um povo que apenas a literatura os reconhece na armação do tempo histórico. São eventos esmagados pelos calendários oficiais, eventos cujas fontes são imprecisas, aparentemente mais sugestivos à imaginação dos ficcionistas do que ao apuro dos historiadores e cientistas sociais em busca da verdade. Este livro dedica-se a um acontecimento dessa natureza: o chamado "Massacre de 17 de Novembro", ocorrido em São Luís do Maranhão, capital da província homônima, durante o processo de instauração da República brasileira, em 1889. Trata-se do conflito no qual uma tropa do exército avançou contra um grande protesto de negros que desejavam atacar os republicanos do jornal *O Globo*. A manifestação reagia à exigência do periódico para que a província se alinhasse ao golpe militar que pôs fim ao longo Império brasileiro. Rumores de que a mudança de regime visava restaurar a escravidão no país haviam tomado a cidade – um boato explosivo na capital maranhense, onde os negros eram aproximadamente o dobro da população branca. Ao cair da tarde daquele dia, uma multidão composta por pessoas descritas como "libertos", "cidadãos do treze de maio", "ex-escravos" e "povo" foi alvejada pelos militares a tiros de fuzil, o que deixou alguns mortos e vários feridos.

Nos relatos de cronistas, memorialistas e dos poucos historiadores e analistas que se interessaram pelo evento, notei a existência de silenciamentos e uma verdadeira luta simbólica para definir se houve ou não um "massacre" de negros no dia que se constituiu como um marco da instauração da República no Nordeste brasileiro. Algumas das análises mais influentes sobre o episódio, como veremos no primeiro capítulo, afirmam ou sugerem que a qualificação do confronto como um "massacre" foi uma invenção popular, sem comprovação nos documentos escritos, e que, portanto, não mereceria respaldo científico. Em contraposição, o relato de um escritor como Josué Montello, entre outros autores, cria ficcionalmente a atmosfera de um verdadeiro massacre – como mostra o trecho que serve de epígrafe a este livro. Assim, fica patente a existência de uma disputa envolvendo memorialistas, cronistas, literatos e historiadores para definir o significado histórico do evento. Além disso, é digno de nota que a questão racial esteja no centro dessa controvérsia.

O avanço da pesquisa confirmou que o conflito entre os republicanos e parte da população negra de São Luís, por seu desfecho violento, permite conectar problemas fundamentais da literatura sociológica e histórica sobre o racismo no Brasil. A importância das classificações raciais nas fontes sobre o confronto na capital maranhense e o fato de este ter ocorrido pouco mais de um ano após a assinatura da Lei Áurea convidam a refazer preocupações candentes dessas áreas. Refiro-me, por exemplo, a questões como os significados das categorias de cor numa sociedade em mudança de regime de trabalho, que enfrentava uma crise do sistema político; os sentidos culturais do medo da escravidão, apontado como motivação central para o protesto; a relação dos libertos e de outros negros com a Monarquia de dom Pedro II e da princesa Isabel; o problema da relevância do conflito – e de sua violência física e simbólica – para a formação de grupos sociais percebidos enquanto raças; as especificidades do fim da escravidão no Nordeste brasileiro; e as concepções negras de liberdade e cidadania quando da instalação da Primeira República (1889-1930). Por essas razões, esse evento esquecido tornava-se cada vez mais denso e relevante diante dos meus olhos para a sociologia histórica do racismo.

O contexto histórico do Maranhão no fim do século XIX também provê elementos para ampliar essa discussão. A história do estado, que integra as chamadas "áreas decadentes da grande lavoura escravista do algodão, do arroz e do açúcar", permite confrontar, como veremos no segundo capítulo, um modelo interpretativo que elegeu os centros socialmente mais competitivos e dinâmicos da economia brasileira, especialmente São Paulo e o Rio de Janeiro, que viveram o *boom* do café, da imigração europeia, do desenvolvimento da urbanização e da industrialização, como lugares privilegiados para interpretar a estruturação do racismo no Brasil moderno[1]. É justamente porque, no caso maranhense, o desenvolvimento do capitalismo não adquiriu imediatamente feições metropolitanas e industriais, que a presente análise pode se voltar à centralidade da política e da cultura para o exercício da dominação racial.

Este livro sustenta o argumento de que o Massacre de 17 de Novembro é um acontecimento-chave para entender o estabelecimento de um contexto de clivagem racial de direitos que se consolida no pós-abolição[2]. Trata-se de um marco na formação de uma cidadania negra no Brasil; não por constituir um fato historicamente extraordinário, como foi considerado por vários dos seus cronistas, mas porque dá a ver aquelas práticas, sentimentos, atitudes e valores que fizeram da raça uma fronteira econômica, política e imaginária entre os grupos sociais na formação do Brasil moderno.

PROCESSOS DE RACIALIZAÇÃO E SOCIOLOGIA DOS EVENTOS HISTÓRICOS

Este livro se insere entre as investigações sociológicas e históricas que visam compreender os processos de racialização. Tal conceito foi originalmente cunhado pelo psiquiatra e filósofo Franz Fanon, que pretendia demonstrar que não era natural, especialmente nas sociedades ocidentais modernas, que um indivíduo pensasse a si mesmo como negro ou branco, em lugar de reivindicar a universalidade pressuposta na condição humana[3]. Se as raças não são algo dado, Fanon considera necessário elucidar os percursos psíquicos e históricos que teriam implicado na formação de subjetividades raciais. Alguns sociólogos aproveitaram essa ideia para analisar o desenvolvimento da formação de grupos racializados em determinados contextos históricos. Os usos do conceito variam na tradição sociológica[4]. Conforme a importante definição de Robert Miles, podemos entender a racialização como "um sinônimo para o conceito de 'categorização racial', definida como um processo de delineamento de fronteiras de grupo e alocação de pessoas dentro dessas fronteiras por uma referência primária a características (supostamente) inerentes e/ou características biológicas (usualmente fenotípicas)"[5]. Nesse sentido, uma sociedade pode passar por diferentes processos de racialização em sua história, e o conceito não depende necessariamente das ideias modernas de raça, forjadas pelo colonialismo europeu.

Neste livro, o conceito de racialização é utilizado de duas formas específicas. A primeira é empregada para definir a imposição de categorias a um grupo – no caso, os libertos e outros negros. A segunda trata a racialização como a edificação da raça, tornada um dos princípios dominantes de hierarquização de pessoas na sociedade brasileira moderna, organizada pelo trabalho livre e pelas instituições republicanas. Trata-se de uma utilização restrita do termo, voltada ao entendimento de um racismo moderno – ou seja, cada vez menos marcado pela herança colonial e pelas antigas crenças místicas e religiosas sobre as cores –, que enfoca os processos sociais, políticos e econômicos que permitiram a generalização de percepções e discursos sobre raça. Refere-se, portanto, aos processos que inferiorizam e atribuem essências a grupos sociais, remetendo frequentemente à transmissão de traços fisionômicos e qualidades intelectuais e morais negativas, imaginados como naturais e/ou hereditários[6]. Embora o enfoque se concentre no período imediatamente após a abolição – contexto ao qual pertencem os fatos analisados –, a vantagem de interpretar o fenômeno da racialização processualmente é observar que a formação de esquemas raciais de percepção está relacionada às condições sociais e às experiências de emancipação dos negros que são anteriores ao fim da escravidão. O racismo brasileiro moderno não data do dia 13 de Maio de 1888, mas das reações nobiliárquicas da elite brasileira às pressões igualitárias, internacionais e nacionais, forjadas ao longo da crise mundial do escravismo no século XIX.

Para iluminar essa problemática, o Massacre de 17 de Novembro deve ser considerado um evento, nos termos do antropólogo

Marshall Sahlins: uma atualização única de um ou mais esquemas culturais, bem como das circunstâncias contingentes nas quais eles são submetidos a riscos e transformações, por meio das práticas sociais. "O evento é a *relação* entre um acontecimento e a estrutura (ou estruturas): o fechamento do fenômeno em si mesmo enquanto valor significativo, ao qual se segue sua eficácia histórica específica."[7]

Frente ao caso específico abordado nas páginas que sucedem a esta introdução, pergunto-me quais esquemas culturais foram colocados em risco no conflito que envolveu libertos e outros negros, delegados de polícia, republicanos e administradores, em meio aos desacertos provocados pela instauração da República. Minha hipótese é que o modo como as classificações de cor foram mobilizadas por esses agentes e nas narrativas sobre o embate permite observar a intensificação dos processos de racialização das classificações sociais já em curso, ou seja, um reordenamento dos esquemas de percepção e ação prática a respeito das relações entre brancos e negros, consolidado no pós-abolição, que ratificou o lugar da raça como uma categoria fundamental. Em outras palavras, o interesse sociológico do conflito de São Luís é que permite ver a generalização de um esquema cultural no qual os grupos sociais são pensados como raças.

Mas um evento como o Massacre de 17 de Novembro só nos permite observar processos de racialização caso sejamos capazes de apresentar "a realização prática das categorias culturais em um contexto histórico específico, assim como se expressa nas ações motivadas dos agentes históricos, o que inclui a microssociologia de sua interação"[8]. Assim, uma boa dose de nossa atenção é dedicada à mobilização de classificações de cor e de outras categorizações de grupo (como "libertos", "moleques" e "negrinhas") que se tornaram portadoras de ideias raciais, no sentido oitocentista do termo. Os historiadores apresentaram fartas evidências de que a nomenclatura das cores, nos períodos colonial e imperial, não possuía o significado racial que as define nos dias de hoje. Tais classificações eram utilizadas corriqueiramente para designar posições sociais, como senhores e escravos, nas quais a origem social e étnica é geralmente embutida, mas não qualificam as distinções sociais entre os grupos sem que haja referência aos direitos de que seus integrantes são portadores no mundo político e suas funções no campo econômico⁹. O meu argumento é que acontecimentos como o de São Luís do Maranhão revelam alguns dos contextos em que os termos tradicionalmente usados em referência à cor e outras categorizações de grupo, típicas do escravismo, foram ressignificados e alargados para uma linguagem apta a incorporar as ideias modernas de raça, convertendo-a numa fronteira "natural" de *status* e direitos a separar os grupos sociais.

Nesse ponto, embora o conceito de evento desenvolvido por Marshall Sahlins esteja presente nas análises que se seguem, sua noção antropológica de estrutura, definida como um sistema de categorias, é insuficiente. Assim, devo incorporar, ainda que seletivamente, as contribuições de William H. Sewell Jr., para quem uma sociologia dos eventos históricos precisa ser fundada em uma noção de estrutura que seja capaz de articular, simultaneamente, a vigência de esquemas culturais, a distribuição de recursos e as formas de exercício do poder. Conforme o autor, a despeito das controvérsias em torno da ideia de estrutura, ela segue sendo uma metáfora epistêmica inevitável nas ciências sociais, sem a qual não poderíamos analisar e caracterizar as transformações implicadas pelos eventos e suas consequências.

Insisto que as relações sociais são profundamente governadas por estruturas sociais e culturais encobertas e que uma compreensão apropriada do papel dos eventos na história deve estar baseada num conceito de estrutura [...] Vejo estruturas como sendo compostas simultaneamente de esquemas culturais, distribuições de recursos e modos de poder. Esquemas culturais provêm a atores significados, motivações e receitas para a ação social. Recursos lhes provêm (diferencialmente) os meios e riscos da ação. Modos de poder regulam a ação – ao especificar que esquemas são legítimos, ao determinar que pessoas e grupos têm acesso a quais recursos e ao adjudicar conflitos que emergem no curso da ação. Podemos falar em estruturas quando conjuntos de esquemas culturais, distribuições de recursos e modos de poder se combinam de forma engrenada e mutualmente sustentável, para reproduzir feixes consistentes de prática social.¹⁰

Essa concepção de estrutura permite ao autor definir um evento histórico como uma sequência ramificada de acontecimentos que são reconhecidos como notáveis pelas próprias pessoas que os vivenciam, e que resultam em transformações duráveis nos sistemas de classificação cultural, na distribuição de recursos sociais e econômicos e nas formas de exercício do poder. Assim, nos termos Sewell Jr., o Massacre de 17 de Novembro é um acontecimento-chave, pois articula, de modo único, através da questão racial, dois grandes eventos históricos: a Abolição e a República.

Um dos elementos mais ricos da abordagem de Sewell Jr. para a interpretação dos eventos históricos é sua noção de que a contingência é uma característica global e constitutiva das relações sociais. Nesse sentido, a representação da temporalidade a ser construída pela análise sociológica deve atentar para a sequência dos acontecimentos, o caráter heterogêneo e contingente dos processos sociais duradouros e regulares e a capacidade de reconfiguração das estruturas pela ação social. Tal perspectiva requer mudanças nas formas de explicação e exposição cultivadas entre os cientistas sociais: "Tudo isso implica em que os registros adequados dos processos sociais, do ponto de vista das eventualidades, serão mais parecidos com histórias ou narrativas bem feitas do que com leis da física. Uma sociologia histórica plena de eventos viria a se parecer cada vez mais com a história."[11] Tal concepção informa toda a estratégia de exposição e argumentação deste ensaio.

FONTES

Um número considerável de fontes de vários tipos – artigos de jornais, anúncios de trabalho, dados de natureza censitária, relatos memorialísticos e romances – foi mobilizado para sustentar o argumento de que o Massacre de 17 de Novembro é um evento relevante para interpretar a formação da cidadania negra no Brasil. Quase todas as fontes utilizadas obedecem rigorosamente a um recorte temporal que focaliza o interregno entre a assinatura da Lei Áurea (o 13 de Maio de 1888) e o fim do primeiro governo republicano no Maranhão, no dia 18 de dezembro de 1889. Mesmo que uma fonte utilizada não tenha sido produzida no período selecionado, como é caso dos relatos memorialísticos, elas se referem, na grande maioria dos casos, a esse período. Tal recorte temporal permite abordar a configuração social do pós-abolição maranhense e suas implicações para os processos de racialização na sociedade brasileira, tanto do ponto de vista da consolidação de critérios raciais de distinção e formação de grupos sociais, quanto da mobilização de classificações raciais no campo da política.

Assim, para enfrentar a questão dos significados da cor e de outras categorizações de grupo numa sociedade em mudança, recorri a alguns dos principais jornais em circulação na capital maranhense no período escolhido: *Pacotilha*; O Diário do Maranhão; O País; *O Novo Brazil* e *O Globo*. A importância do jornal como fonte é apresentar questões da sociedade sob um ângulo ideológico, interessado e restrito, enquanto um problema político. Os jornais referidos estavam sob o controle direto de frações da oligarquia política, então alocadas no Partido Liberal, no Partido Conservador, ou ligadas ao movimento republicano (que, no Maranhão, não constituiu partido próprio).

Foram consultadas as edições referentes ao período escolhido, o que resultou numa seleção de, aproximadamente, trezentas matérias[12]. Procurei reunir aquelas focadas na representação dos libertos e de outros negros pela elite política dirigente, fazendeiros, delegados, agentes da polícia, polígrafos da imprensa, comerciantes, escritores, assim como matérias que descreviam tipos específicos de interação social; por exemplo, as intervenções políticas dos libertos contra as conferências republicanas no ano de 1889. Os textos versavam sobre diversos temas, como a questão da crise das grandes plantações agrícolas no Maranhão, o problema da vadiagem, a imigração, a indenização, as pautas do movimento republicano e os anúncios de trabalho, entre outros assuntos. Através desse exercício foi possível perceber a circulação de formas de representação racial acerca dos negros, o que embasou uma interpretação histórica sobre o desmantelamento da estrutura escravista no Maranhão.

Embora o lugar de cada jornal no campo do poder da província seja sempre sugerido ou pontuado ao leitor, não julguei necessário realizar uma análise específica sobre esse tema. Malgrado esses periódicos se situarem em posições diferentes com relação a diversos tópicos candentes em sua época, eles eram relativamente uníssonos quando o assunto era a gente negra, enfatizando tópicos como aquilo que, a seus olhos, seria um despreparo para a liberdade, uma falta de educação, a ausência de uma ética do trabalho e a manutenção de hábitos e costumes sociais e familiares que estariam aquém do marco civilizatório de matiz europeu. Ou seja, entre os letrados do período, encontrava-se generalizado um esquema de percepção racial bastante homogêneo e uniforme a respeito dos libertos e de outros negros. A diferença entre eles, na maioria das vezes, vinha das circunstâncias, contextos e do meio simbólico em que essas representações eram colocadas em ação, isto é, seu emprego variava formalmente, conforme se desse no texto de uma tese baseada nas teorias raciais; em anúncios de trabalho; em artigos sobre a conjuntura da crise; em discursos republicanos; ou em artigos que legitimavam o uso extremo na violência, como aqueles que se referiam ao conflito do dia 17 de novembro. Nesse sentido, busquei ser sensível às nuances do significado cultural dessas classificações em cada caso, embora a explicação sempre enfatize que, guardadas as especificidades, à medida que os exemplos são tomados em conjunto, eles são capazes de revelar, a partir de ângulos distintos, processos de racialização.

Os relatos memorialísticos e ficcionais que abordam diretamente o evento analisado oferecem outro tipo de dificuldade. Conforme destaco ao longo de todo o livro, essas fontes estavam implicadas na luta simbólica que se travou em torno do reconhecimento, ou não, da existência de um massacre de negros e de gente do povo, em pleno processo de instauração da República, no Maranhão. Um caso relevante são as *Memórias de um Histórico*, escritas por Dunshee de Abranches, nas quais pesam as desilusões do autor frente aos rumos tomados pela República de Floriano Peixoto, bem como seu desejo pessoal de integrar a lista dos republicanos históricos do Maranhão. Em minha opinião, tal posição faz com que ele ataque, com veemência, algumas das personagens centrais do Massacre de 17 de Novembro, como o republicano Paula Duarte, a quem, a despeito de tudo, coube a glória de ser um dos poucos republicanos históricos do Estado. O fato de a narrativa de Abranches considerar o evento como um verdadeiro massacre não pode ser dissociado desses aspectos, motivo pelo qual sempre optei pela combinação de fontes na reconstrução de dados factuais, de modo a controlar o peso dos interesses particulares impressos nas narrativas.

Outro texto importante é a crônica "Pela Redentora", de Viriato Correa, que integra a antologia *O Brasil dos Meus Avós*.

Muito distante dos acontecimentos, o autor descreve os fatos como se fossem uma espécie de anedota histórica. Ao levar essa crônica em consideração, não utilizei a descrição que o autor faz do evento em si, pois ela se baseia inteiramente num relatório escrito pelo alferes Bello, militar responsável pela ordem de fuzilamento aos manifestantes. Assim, a visão expressa por Correa do fuzilamento como uma espécie de desfecho inevitável e incontrolável dos acontecimentos está fortemente ligada à posição assumida por sua fonte acerca do confronto. Não obstante o viés assumido pelo texto, o autor fez observações notáveis quanto à representação da princesa Isabel entre os negros e o problema do "medo do cativeiro" no pós-abolição. Tais observações complementam alguns dos achados de minha pesquisa sobre o esforço das elites para sustentar a cultura da escravidão como forma de controlar a população livre, de cor.

São de grande relevância os manuscritos de José Lourenço da Silva Milanez, capitão do 5º Batalhão Militar, sobre os acontecimentos que se passaram em São Luís entre os dias 15 e 18 de novembro de 1889, reunidos como os *Apontamentos Escritos Pelo Capitão do Exército José Lourenço da Silva Milanez*. Nesses textos, o autor revela os bastidores do enorme conflito de autoridades entre o presidente da província, o exército e os líderes do movimento republicano na organização do regime que suplantou a Monarquia no Maranhão. Embora Milanez – um militar republicano – não ofereça propriamente uma descrição do massacre, ele diz que deparou com manifestantes "pretos" e "libertos", como os designa, ao longo do dia 17. Mas o principal objetivo do relato é demonstrar que as vacilações do exército em proclamar a República na província assim que tomou ciência do golpe militar no Rio de Janeiro tumultuaram a mudança de regime no Maranhão. Nesse sentido, os manuscritos são um ataque mal disfarçado aos republicanos de última hora que foram alçados ao poder com a instituição da República.

Uma das fontes mais ricas sobre o conflito de 17 de novembro é o capítulo que Astolfo Marques dedica ao tema no romance *A Nova Aurora*. Embora o texto seja de natureza ficcional, a narrativa corrobora todos os dados que constam das fontes jornalísticas que descreveram o episódio. Conforme destacou Josué Montello, a narrativa provavelmente se baseia "no relato oral dos negros que participaram da rebelião contra o jornal republicano de Paula Duarte"[13]. Marques nasceu numa família de negros livres e tinha cerca de doze anos quando da instauração da República. O escritor, portanto, era membro do grupo diretamente afetado e ameaçado pelo rumo dos acontecimentos. De qualquer maneira, interpreto seu texto em combinação com outras fontes, de modo que ele raramente figura na qualidade de fonte única para os dados factuais citados.

Inicialmente, apresento ao leitor as formas com que o Massacre de 17 de Novembro foi interpretado pelos historiadores, em contraponto aos relatos de autores contemporâneos ao episódio. Enquanto os primeiros consideraram o evento irrelevante, aqueles que viveram na época dos acontecimentos se impressionaram muito com o conflito. Nesse sentido, o exame das narrativas historiográficas, contemporâneas ou posteriores aos fatos, faz parte da análise sobre a construção da memória social do evento. Dedico atenção especial ao modo como os negros são descritos nesses relatos, com o fito de capturar os esquemas culturais em jogo. Outro ponto importante é a confrontação dos dados levantados com as interpretações de historiadores e sociólogos que analisaram a relação entre os negros e a política brasileira no pós-abolição, bem como os significados da noção de raça na crise do Império brasileiro.

Um problema central no livro diz respeito à especificidade do fim da escravidão no antigo norte agrário do Brasil e aos contornos particulares que esse contexto imprimiu aos processos sociais de racialização. O segundo capítulo dedica-se a essa matéria, enfatizando os modos como a nomenclatura das cores e outras categorias foram sendo insufladas com ideias raciais oitocentistas, numa conjuntura marcada pela crise do sistema agroexportador do algodão, do arroz e da cana, no Maranhão. Uma das fontes do racismo moderno no Brasil são as progressivas desigualdades regionais brasileiras: o Sul e o Sudeste, bafejados com a imigração europeia em larga escala, foram progressivamente pensados como um Brasil branco, e o Nordeste cada vez mais imaginando como negro, devido à enorme presença demográfica, social e cultural desse grupo na região. Assim, os discursos em torno da "decadência" do Maranhão estão impregnados de ideias raciais sobre a natureza e a moralidade do povo da região[14]. Nesse capítulo, esforço-me por demonstrar o processo de transformação que conferiu um sentido racializado à estrutura social de herança escravista da sociedade maranhense. Observo a reação senhorial frente à população livre, de cor, antes da abolição, e a cristalização de um imaginário racial sobre o negro que se consolida no fim da escravidão. A questão dos significados do cativeiro e da liberdade para os negros é abordada para decifrar o problema do medo do retorno à escravidão no pós-abolição, apontado por historiadores e cronistas como motivação para o protesto de 17 de novembro.

Um dos elementos mais curiosos da conjuntura que separa a assinatura da Lei Áurea, no 13 de Maio de 1888, e a Proclamação da República, no 15 de Novembro do ano seguinte, é a mobilização de classificações raciais no espaço da política. A reação política organizada contra o fim da escravidão reuniu-se em torno da bandeira da indenização aos senhores de escravos, que usou de uma linguagem ressentida e abertamente racista contra os libertos para convencer sobre a pertinência da causa. O movimento republicano no Maranhão foi sensível a muitos desses apelos e um discurso que associava o novo regime a uma liberdade dos brancos ratificou a presença das cores no seio das disputas políticas sobre a crise do Império. Logo após a assinatura da Lei Áurea, o surgimento da Guarda Negra – um movimento de libertos e outros negros, de feitio monarquista –, bem como a reação nacional suscitada por essa organização, tornou a questão racial um ponto crítico dos últimos momentos do reinado de dom Pedro II. Os conflitos entre republicanos e negros em São Luís, em meados de 1889, foram antecedentes de peso ao conflito de novembro. O terceiro capítulo dedica-se a essas questões, destacando que, sob vários aspectos, a manifestação contra o jornal *O Globo* foi mais uma tentativa de empastelar republicanos, como ocorreu em outras partes do Brasil naquele ano. Mas, na ocasião, aconteceu na conjuntura tensa de um golpe de Estado.

O último capítulo dedica-se exclusivamente à análise do conflito de 17 de novembro, discutindo mais a fundo a luta simbólica para definir se ele foi efetivamente um massacre de gente do povo. Um ponto central a esse respeito é a questão dos rumores, no Maranhão, como forma de comunicação e atribuição de significados à instauração da República. Nesse capítulo, delegados, republicanos, monarquistas e negros arriscam seus esquemas culturais de interpretação para dar sentido à mudança de regime político, conforme ela vai sendo percebida na periferia do Brasil. Argumento que as atitudes, sentimentos, valores e ideologias que colocam a raça em jogo são então evidenciados como parte central da significância histórica do evento.

Num país onde as desigualdades regionais condicionaram a memória coletiva da história válida, digna de ser narrada, aquele dia esquecido talvez não signifique nada. O Norte e o Nordeste têm sido relevantes para descrever o passado brasileiro, sobretudo o período colonial, e para meditar acerca do "atraso" do país; uma ideia que, para muitos, se confunde ao tom escuro da pele de grande parte de sua gente. Entretanto, este livro foi escrito com a convicção de que muito do que significa a sociedade brasileira moderna, com seus golpes de Estado, clivagem dos direitos políticos, civis e sociais, repressão violenta à manifestação cívica popular, militarização do tratamento dos pobres e dos negros, faz do Massacre de 17 de Novembro um marco simbólico para aquilo que nos tornamos enquanto povo e nação no mundo contemporâneo.

1. Uma Malta de Homens de Cor

No dia 17 de novembro de 1889, a cidade de São Luís acordou agitada. Ninguém sabia o que pensar das últimas notícias, vindas do Rio de Janeiro, que informavam o fim do longo reinado da Monarquia brasileira. As autoridades conheceram esses fatos quando os telegramas começaram a chegar, na noite do dia 15 daquele mês. Na manhã seguinte, apenas o jornal republicano *O Globo* havia noticiado o fato, por meio da publicação de um telegrama recebido pelo editor do periódico: "Dr. Paula Duarte. A República proclamada. Ministério preso. Grande entusiasmo. O exército e povo confraternizados. Responda telegrama na rua nova do Ouvidor. Sá Valle."[1] A notícia era tão pequena quanto bombástica. Todos teriam que se haver com mais uma mudança radical no país. Não fazia muito tempo que a capital do Maranhão fora tomada por festas e cortejos de negros, populares, estudantes e políticos, em homenagem à abolição definitiva da escravatura – o 13 de Maio de 1888, que tinha alterado toda a estrutura econômica e social do Brasil. Dessa vez, porém, as bandas de música e as passeatas espontâneas iriam demorar um pouco mais para ir às ruas.

O golpe militar liderado pelo marechal Deodoro, no centro político do Império, pegou de surpresa aquele longínquo estado do norte agrário[2]. Em São Luís, dizia-se que os republicanos não passavam de meia-dúzia³. Ao tomar ciência dos acontecimentos, o presidente da província, senhor Tito Augusto Pereira de Mattos, não fez qualquer declaração pública sobre o assunto. Retirou-se do Palácio do Governo para sua residência e pediu ao comandante das forças armadas que garantisse a ordem. Mas, em meio aos boatos, nem os militares ousaram assumir de fato o poder⁴. A hesitação das forças armadas deveu-se, sobretudo, a um telegrama enviado da Bahia pelo marechal Hermes da Fonseca insistindo para que o exército no Maranhão mantivesse a lealdade à Monarquia⁵. Os vereadores, por sua vez, reuniram-se na Câmara à espera de maiores esclarecimentos e também não realizaram qualquer pronunciamento⁶. No dia 17, falsas notícias sobre a morte do marechal Deodoro procrastinaram ainda mais qualquer tomada de decisão por parte das autoridades. Assim, nenhum dos poderes constituídos atestou a veracidade das informações sobre a mudança de regime político, e o governo do estado ficou simplesmente vazio.

Foi nessa conjuntura de desorganização institucional que teve lugar o chamado Massacre de 17 de Novembro. Uma multidão de pessoas, descritas como "libertos", "homens de cor", "cidadãos do 13 de Maio" e "ex-escravos" saiu às ruas numa grande passeata, em protesto contra as notícias da proclamação da República. Na visão dos manifestantes, o novo regime vinha para restaurar a escravidão no país. Eles percorreram as ruas do centro da cidade, dirigindo-se à sede do jornal *O Globo*, que havia marcado uma conferência republicana para o fim do dia. Uma tropa de linha formada por doze soldados fortemente armados foi destacada a pedido pessoal do capitão republicano José Lourenço da Silva Milanez (c. 1887-?), do 5º Batalhão Militar⁷, para proteger a sede do periódico, mas isso não intimidou os manifestantes, que ameaçavam depredar o edifício e atacar seus dirigentes. O pelotão realizou uma descarga de fuzil contra a multidão, deixando, segundo números oficiais, quatro mortos e vários feridos.

O protesto e seu desfecho violento adiaram por mais um dia a instituição da República no Maranhão. A cerimônia ocorreu a portas fechadas, em 18 de novembro de 1889, três dias depois de Deodoro assumir a presidência do país⁸. O confronto parece ter intimidado até mesmo os simpatizantes do novo regime na capital maranhense, pois as manifestações de apoio só começaram a ocorrer a partir do dia 22 daquele mês⁹. A junta provisória de governo, instituída no calor da hora¹⁰, optou por se impor pela repressão: baixou uma portaria que obrigava a remover todos os símbolos da Monarquia existentes na cidade. A polícia também procedeu investigações, prisões e torturas contra os suspeitos de conspirar contra a nova ordem. Situação que serviu de estímulo para uma série de conflitos entre a polícia e os "homens de cor", genericamente taxados de monarquistas, sobretudo após o protesto. Os desmandos e o emprego da violência assumiram proporções tão desastrosas, que o poder central destituiu o governo provisório do Maranhão em apenas 29 dias.

A CONSTRUÇÃO DO SILÊNCIO

Malgrado a dimensão do conflito de 17 de novembro, o clima de repressão que o sucedeu e seus efeitos no processo de legitimação do novo regime na região, o evento não tem despertado a atenção dos estudiosos. Em parte, esse silêncio se deve ao sucesso dos republicanos maranhenses em subtrair o conflito da memória histórica e política brasileira. No dia 23 de dezembro de 1889, pouco mais de um mês após o ocorrido, o poeta republicano Sousândrade aconselhava aos cidadãos maranhenses darem o episódio por esquecido: "Se algumas horas perturbadas demorou-se o dia do Maranhão, não importa – aí estamos todos rejuvenescentes à luz divinal feita ao conjunto de todas as virtudes, à alegria da ordem, à alegria do progresso, à alegria do trabalho, à alegria da honra, à alegria do direito e à benção das leis."¹¹

O conselho parece ter sido prontamente atendido. Não existe, nos dias de hoje, memória pública sobre o conflito. Em suas *Memórias de um Histórico*, Dunshee de Abranches refere-se ao evento como um suceder de "fatos que parecem terem ficado esquecidos, mas que eu não me furtarei de recordar aqui como curiosidade histórica"¹². Se é verdade que o escritor tinha, no livro, um evidente intuito de criticar os descaminhos da República, tal observação sugere que, desde o final do século XIX, o massacre já era dado como esquecido. O mesmo ímpeto de revelação de uma curiosidade histórica olvidada faz com que Viriato Correa se debruce sobre o 17 de Novembro, em sua crônica "Pela

Redentora", publicada em 1927. Mesmo nesse texto, que é favorável aos discursos sobre o caráter pacífico da passagem da Monarquia à República, o memorialista afirma que "sangue anônimo, sem importância política, sem vulto histórico, derramou-se algum naqueles primeiros dias de queda do Império"[13]. Outro autor que narrou tais acontecimentos foi o escritor negro Raul Astolfo Marques, que dedica ao confronto um capítulo inteiro de sua novela histórica, *A Nova Aurora*. Contudo, tal narrativa teve pouca visibilidade: esse autor só é conhecido por especialistas em literatura maranhense, e seu livro, rejeitado pela crítica da época, tornou-se uma raridade.

Digno de nota é um relato de João Franzen de Lima. O texto foi publicado fora do Maranhão, no livro *Figuras da República Velha*, em 1941. Num capítulo breve, intitulado "A Proclamação da República no Maranhão", o autor narra os incidentes de São Luís, destacando sua singularidade em relação ao conjunto do país:

O ambiente estadual não estava preparado para a transição, ficando a população numa atitude de estarrecimento, diante do evento. Por isso mesmo não houve reação, respeitando-se, portanto, o fato consumado. Os adeptos do trono, os nobres da terra, encerraram-se em suas residências, deixando a cidade a mercê da nova ordem de coisas.

Havia, em São Luís, um jornal, *O Globo*, que era órgão das ideias democráticas. Em torno dele girava uma pequena corte de idealistas, "liderada" por Paula Duarte. Como fosse *O Globo* o centro das operações no terreno da divulgação, ficou sendo alvo da animosidade de muitos, notadamente dos negros, que, saindo à rua, em massa, em atitude ameaçadora, numa manifestação de gratidão ao trono que os havia tirado do cativeiro, dirigiram-se à redação. Era avisada, desse movimento, a guarda do palácio, indo ao encontro dos amotinados, em defesa do jornal, um contingente de praças comandado pelo alferes Bello (que era, por sinal, um dos homens mais feios do Maranhão!).

Sem a necessária calma para o momento, o alferes, à aproximação dos negros não teve dúvida em dar ordem de fogo, caindo mortos, fuzilados, mais de vinte ex-escravos, fugindo os demais componentes do avultado grupo.

Foi o Maranhão a única terra brasileira onde se derramou sangue pela Monarquia. Entretanto, havia, na sua sociedade, titulares, nobres do Império, gente rica, poderosa, a quem o governo imperial enchera de deferências, que ficara no recesso de seus lares, ouvindo, após, emocionada, a fuzilaria varando os peitos daqueles a quem a gratidão lançava à luta e à morte. Para a glória de uma só raça em Maranhão, os negros se lançaram às balas, em sinal de protesto, numa comovida homenagem à princesa que os redimira e que dentro de horas teria que deixar a pátria por um eterno exílio.[14]

O cronista não revela como veio a conhecer a história do conflito em São Luís. Sua versão é a única que contabiliza mais de vinte mortos às portas do jornal *O Globo*. Para o autor, os negros saíram às ruas em gratidão à princesa Isabel e sua motivação seria de fato a defesa da Monarquia como regime político. Daí o destaque da narrativa à covardia das elites maranhenses que, honradas pelos títulos de nobreza do Império e prestigiadas com cargos públicos, não esboçaram qualquer reação à queda da dinastia real, deixando a "glória" da luta à "raça" negra. Assim, pode-se dizer que sua interpretação vem embutida naquilo que Edward Palmer Thompson chamou de os "imensos ares superiores da condescendência da posteridade".[15]

Note-se que na passagem acima, negros e escravos são sinônimos, mesmo em se tratando de uma cidade onde a população livre e de cor era muito grande. Diferentemente de outras interpretações sobre o episódio, João Lima não tem dúvida de que o alferes Antonio Raimundo Bello promoveu um verdadeiro massacre, tanto pelo número de mortos que aventa, quanto pelo teor covarde da ação.

Publicados no século xx, os livros de história do Maranhão deram ainda menos atenção ao 17 de Novembro do que as crônicas e, em geral, esvaziaram o protesto de qualquer significado político. Na obra *História do Maranhão: Manual Para os Alunos da Escola Normal*, o advogado e pedagogo Barbosa de Godóis afirma que, "feita a abstração de um grupo de libertos pela lei de 13 de Maio [...], imbuídos pela ideia grosseira de que a República viera para reduzi-los novamente ao cativeiro [...], nenhuma outra manifestação em contrário a nova instituição surgiu em toda a província".[16] Para o autor, contemporâneo aos fatos, a manifestação foi isolada e movida por uma ideia grosseira: o medo da escravidão.

O historiador Mario Meireles, em sua *História do Maranhão* – obra aclamada que constitui uma citação obrigatória nos estudos historiográficos sobre o estado e prestigiada com duas reedições ampliadas –, também descreve o episódio como sendo uma reação única e isolada ao novo regime:

A única anormalidade ocorrida foi *uma manifestação de escravos*, recentemente libertos, contra Paula Duarte, o único republicano no novo governo, e isso porque se dizia que o novo regime vinha para tornar sem efeito a Lei Áurea. Indo os manifestantes contra a redação de *O Globo*, o seu jornal, a polícia interferiu imediatamente, dispersando-os, isto na véspera da adesão. *Mas a circunstância de, na boca do povo, ter ocorrido tal incidente, aliás sem maior gravidade, como se houvera sido um massacre – os fuzilamentos do dia 17, dizia-se* – concorreu para um ambiente de frieza, indiferença e desconfiança, contra a República.[17]

É digno de nota que o autor escreva manifestação de escravos, no sentido de manifestação de negros. Não há qualquer menção ao uso da violência militar no incidente. Pelo contrário, na descrição de Meireles, os fatos aconteceram sem maior gravidade e a interferência da polícia apenas dispersou os manifestantes. De acordo com o historiador, a ideia de massacre e o boato dos fuzilamentos eram exageros da mente popular, uma fofoca que só serviu para criar um ambiente de hostilidade contra a República. No excerto acima, Paula Duarte, tribuno republicano e um dos proprietários do jornal *O Globo*, é tido como o pivô do conflito supostamente provocado pelos boatos de que a lei que proclamara a abolição, cerca de apenas um ano meio antes do confronto, seria revogada pelo novo regime.

Uma descrição pormenorizada do evento encontra-se em *Subsídios Para a História do Maranhão*, do desembargador Milson Coutinho. Para ele, as pessoas teriam agido sob a influência dos monarquistas da cidade, responsáveis por espalhar o boato de que a República iria reescravizar os negros:

Não discrepam os nossos historiadores a respeito da origem dos distúrbios provocados principalmente por ex-escravos, no Maranhão, com o advento da proclamação do regime republicano.
 Circulava em toda a cidade o boato segundo o qual o regime recém-implantado iria revogar a Lei Áurea sancionada pela princesa Isabel e os pretos teriam que voltar à condição de cativos.
 É quase certo que tais absurdos partiam dos *sebastianistas*, isto é, dos saudosos do monarquismo agonizante, e, mentira ou não, calaram profundamente no espírito dos negros, que jamais poderiam aceitar a volta ao tronco, ao chicote do feitor, ao trabalho forçado.
 Nos livros de história e nas pesquisas que empreendemos não nos foi possível apurar o "cabeça" do movimento, o chefe da insurreição contra o jornalista Paula Duarte. Que se saiba, nem mesmo a polícia, naquela

época, deslindou a sedição, talvez porque convenientemente elucidado o fato, esboroassem seus resultados nos costados d'algum ex-barão do Império, já devidamente integrado ao novo regime.[18]

Segundo o autor, o protesto coletivo não passou de "distúrbios". Os ex-escravos estavam movidos por ideias absurdas de que o regime republicano iria revogar a Lei Áurea, isto é, mentiras difundidas pelos sebastianistas de São Luís. Milson Coutinho supõe que houvesse algum ex-barão do Império por trás de tudo e associa essa possibilidade ao fato de nenhum culpado ter sido encontrado. Na verdade, como veremos com mais detalhes no capítulo quatro, um culpado foi encontrado e preso por crime de contrarrevolução: trata-se do político conservador João Henrique Vieira da Silva, integrante da situação governista destronada pelo golpe, acusado pelo capitão José Lourenço da Silva Milanez, ainda que sem provas substantivas, de ser o principal articulador do protesto de libertos e outros negros[19].

Esse ponto é importante porque protestos de tamanho vulto não costumam ser espontâneos; contam, geralmente, com algum tipo de suporte institucional. Além do referido membro do Partido Conservador, as fontes mencionam, como veremos no quarto capítulo, um apoio de membros conhecidos do Clube Abolicionista Maranhense, de feitio liberal. Mesmo as hesitações iniciais do exército no Maranhão podem ser consideradas como um estímulo indireto à manifestação. Os republicanos não deixaram de notar que a passeata passou em frente ao quartel sem ser barrada. Ao contrário, ali foram proferidos alguns discursos[20]. Entretanto, a existência de políticos e organizações interessadas na preservação do *status quo*, que agiram no sentido de fomentar uma reação ao golpe de Estado, não responde a questão que julgo mais importante: por que aqueles boatos sobre volta ao cativeiro pareciam fazer tanto sentido para as pessoas que foram às ruas?

No excerto de Coutinho, a descrição do perfil social dos manifestantes desqualifica essa interrogação, como se não fosse relevante interpretar as motivações políticas dos de baixo. Lê-se ali também que uma "grossa multidão formada na sua maior parte por pardos e ex-escravos se acercou da redação do jornal de Paula Duarte, em atitude hostil, haja visto a gritaria, algazarra e berreiros próprios a esse tipo de manifestação"[21]. A menção aos pardos visa afirmar a presença de homens livres no evento, posto que ex-escravos e pretos são tratados como sinônimos, pelo autor. Na visão do desembargador, também não houve exatamente um massacre às portas do jornal *O Globo*, mas sim um tiroteio ao cair da noite:

Os relógios assinalavam pouco mais das 19 horas, quando a multidão enfurecida e com muitos dos seus componentes armados voltou à carga para tirar prova de fogo.

Iniciou-se a fuzilaria, de que resultou a morte imediata de 3 manifestantes, ferimentos em 11 outros, lesões em vários soldados, cabo e sargento do destacamento, vindo a morrer, pouco tempo depois, na Santa Casa, um dos sediciosos ferido por balaço da tropa.[22]

Nesse sentido, não teria ocorrido qualquer desproporcionalidade no uso da força por parte do pelotão encarregado de defender a sede do jornal. Ao contrário, eles estariam reagindo contra uma multidão enfurecida e armada. Tal versão dos fatos acata as informações do relatório do alferes Bello, que deu a ordem de fuzilamento. O número de mortos indicado nesse trecho também segue as estimativas oficiais.

Uma crítica a essa abordagem consta de uma dissertação sobre o movimento republicano no Maranhão. Nela, o historiador Luiz Alberto Ferreira confere atenção ao caráter violento do confronto, a fim de compreender como os republicanos percebiam o povo. Ademais, o autor se opõe à ideia de que os manifestantes estariam agindo sob a influência de terceiros e valoriza a intervenção política das camadas populares:

Não importa aqui se a manifestação foi promovida por incentivo de A ou de B. O que importa é que houve manifestação popular, embora antirrepublicana. Não que os manifestantes fossem monarquistas convictos, apenas não podiam conceber que aquela que lhes havia concedido a liberdade não os pudesse governar – isso demonstra que o discurso dos republicanos históricos era (ou virou) apenas retórica para parte da sociedade, visto que não possuía credibilidade entre os libertos do 13 de Maio. Se estes não tinham consciência de que a liberdade não lhes fora concedida, mas conquistada, é uma outra história.[23]

É difícil comprovar o argumento geral de que o 17 de Novembro e os demais embates entre as forças armadas e as pessoas comuns estejam relacionados ao modo específico com que a ideologia republicana concebia o povo brasileiro. Faltam dados capazes de justificar a associação entre a ocorrência do fuzilamento e uma suposta formação republicana dos oficiais. As fontes existentes sobre o conflito descrevem que a tropa agia de modo a preservar a ordem, impedir a invasão do jornal *O Globo* e conter o desregramento dos libertos, mas não com o fito de proteger o novo regime. Ao menos, não naquela noite, quando o governo estava vazio e a República ainda não fora proclamada na província.

O autor sugere que os manifestantes agiam por não compreenderem que a liberdade não era uma dádiva da família real, mas sim uma conquista política que eles não deviam a ninguém. Mas é possível argumentar o contrário, que o povo estava nas ruas por entender que seus parcos direitos haviam sido conquistados pelos seus esforços pessoais e coletivos em busca das cartas de alforria, pela coragem de fugir em busca de mocambos e esconderijos na cidade, através da mobilização nacional dos abolicionistas e sob a égide da Monarquia, imaginando que a mudança de regime de governo poderia implicar em retrocessos no tocante à consolidação política e social da recente abolição.

O OLHAR DOS CONTEMPORÂNEOS

Embora o evento de novembro tenha sido silenciado por alguns e não tenha chamado a atenção de muitos especialistas, cronistas e memorialistas, ele foi motivo de preocupação de governadores, políticos, jornalistas e intelectuais contemporâneos aos acontecimentos. O mais importante documento nesse sentido é *Apontamentos Escritos Pelo Capitão do Exército Jozé Lourenço da Silva Milanez*. É estranho que todas as análises sobre a proclamação da República no Maranhão, mencionadas no capítulo anterior, o tenham ignorado. O autor foi uma testemunha ocular dos acontecimentos e registrou suas impressões sobre os fatos em dezembro de 1889, ainda no calor da hora. O relato é uma denúncia de que o exército permaneceu fiel à Monarquia até o dia 18 de novembro daquele ano, data oficial da proclamação da República do Maranhão. Com efeito, o autor anota com ironia: "do dia 18 não houveram republicanos mais exaltados do que aqueles mesmos que fizeram-me passar por tantos vexames pela pusilanimidade de que deram tantas provas"²⁴. Segundo o capitão, as vacilações do exército em aderir imediatamente ao golpe de estado resultaram no conflito entre os "libertos do 13 de Maio" e os republicanos sitiados no jornal *O Globo*.

Os apontamentos de Milanez contêm a descrição mais pormenorizada da ação política dos monarquistas de São de Luís contra a instauração da República. O autor sugere que houve uma armação envolvendo o alto escalão do exército, o presidente da província e membros do corpo de política, para estimular a sublevação popular e manter o *status quo* na província:

Eu adivinhei mais uma baixeza que se cometia e mais tarde soube que a força [tropa do exército] fora propositalmente receber ordens do Presidente. Contou-nos que assistiam impassíveis às imposições dos libertos o subdelegado e o delegado de polícia, F.L. Leda e Manoel V. Nina, sendo certo dizer que ambos introduziam-se no grupo dizendo em voz baixa: façam o que quiserem, insubordinando as forças dispersavam-se os libertos, tirando-se [?] ela também por ordem do Presidente que irrefletidamente dera essa ordem para lhe asseverarem que a ordem estava restabelecida (quando é certo, mais tarde se verificou isto, que sabiam os libertos um plano sinistro).²⁵

O autor informa que José Luiz Tavares, tenente-coronel do 5º Batalhão de Infantaria e, logo depois do golpe, membro do governo provisório republicano, temia aderir ao novo regime sem saber ao certo o que se passava na capital do Império. Assim, o chefe do exército no estado permaneceu colaborando com os monarquistas durante todo o dia 17 de novembro e reuniu uma comissão de militares para "fazer constar ao Presidente da Província que o 5º BM de Infantaria procedendo com toda a prudência recebia e cumpria ordens do Governo aqui instituído"²⁶. Para Milanez teriam sobrado, nesse momento, algumas ameaças: "o Tavares me diz que eu já estava bastante comprometido, mas que me salvaria, eu que não saísse mais do quartel, fizesse como os outros"²⁷.

Segundo o relato, outra personagem importante da parca reação monárquica que se viu entre os de cima foi João Henriques Vieira Silva, membro do partido conservador, deputado geral pelo Maranhão em 1885 e vice-presidente da província em 1888. O político teria ido pessoalmente intimidar os chefes do exército a não proclamarem a República e, segundo o capitão, desde o dia 16 começaram a circular boatos acerca da reação dos negros, "falava-se muito muito em levantamento de libertos, que encabeçados por João Henriques pretendiam protestar contra o movimento republicano, que o dia seguinte [17 de novembro] sendo Domingo seria bom ensejo para ele se reunirem". O autor sugere quais seriam as motivações do político conservador:

falecido o Senador Luis Antonio, seu tio e sogro desapareceu para ele a possiblidade de fazer alguma coisa em política; restava-lhe portanto [...] a ocasião que se lhe oferecia jogando uma cartada: sublevar os libertos, porque falseado o movimento republicano ele se apresentaria ao [Visconde de] Ouro Preto fazendo valer os seus serviços a Monarquia e forçosamente lhe dariam um bom lugar na mesa orçamentaria, no caso contrário nada perderia: que lhe importava que alguns libertos imbecis que, acreditando-o, se atirassem arrojados sacrificando as vidas para satisfação de seus cálculos políticos !?![28]

Nesse sentido, João Henriques, que discursou para libertos e outros negros em 17 de novembro, seria o grande manipulador das massas e arquiteto do protesto que tomou as ruas de São Luís contra a imposição do novo regime. Note-se que o capitão nem aventa a possibilidade de os manifestantes possuírem razões próprias ou desconfianças frente a uma mudança de regime político motivadas por suas próprias experiências para sitiarem o jornal republicano, pois, em suas palavras, tratava-se apenas de "libertos imbecis".

Menos de um ano após o *Massacre de 17 de Novembro* outro relato chamaria atenção para a importância daqueles acontecimentos. Trata-se do relatório do apresentado pelo governador José Thomaz da Porciúncula ao seu sucessor, no dia 7 de julho de 1890. A impopularidade do regime republicano na região era considerada perigosa aos olhos do chefe de estado e toda a introdução do documento é dedicada ao episódio, descrito como um dos mais importantes acontecimentos políticos do estado, desde a proclamação da República brasileira. Para detalhar o ocorrido, o governador fez suas as palavras do *Diário do Maranhão* de 18 de novembro de 1889:

ACONTECIMENTOS DE ONTEM
Grande massa de homens cercou a casa da tipografia do *Globo*, em que se achava o seu redator, dr. Francisco de Paula Belfort Duarte, a quem queria impedir de fazer uma conferência, para a qual havia convidado o povo, marcando a Câmara Municipal para ponto de reunião.
  Depois de muitas pessoas gradas aconselharem a que se dissolvesse o ajuntamento e haver passado a hora marcada para a conferência, saiu o grupo a percorrer ruas dando vivas à Monarquia, indo em frente à casa,

onde se achava o governador Tito Mattos, cumprimentá-lo, tendo ele por sua vez chegado à janela e pedido ao povo toda a ordem, garantia para a tranquilidade pública e que se dissolvesse o ajuntamento. Serenaram então os espíritos, mas à tarde outros grupos continuaram a percorrer as ruas, e em frente ainda à redação do *Globo* se postou grande massa de povo. Foi destacada para o lugar uma força de infantaria para evitar desordens e distúrbios, mas à noite continuaram os gritos, tendo havido tiros e grave conflito de que resultaram ferimentos e mortes, estas em número de três. Foram tomadas as medidas por parte da força pública para evitar novos conflitos e ser dispersado o ajuntamento, guardada a casa da redação do *Globo*.[29]

De acordo com a versão relatada pelo jornal, o tumulto começou quando uma grande massa de homens impediu, pela força, a realização de uma conferência do dr. Francisco de Paula Belfort Duarte em frente à Câmara Municipal de São Luís. Ao que parece, os descontentes que impediram a conferência republicana e, em seguida, organizaram um protesto pelas ruas da cidade temiam que o discurso dos republicanos deflagrasse imediatamente a adesão da província ao novo regime. É importante lembrar que, até aquele momento, nenhuma autoridade pública confirmara a veracidade das notícias sobre o fim do Império brasileiro. Os revoltosos seguiram pelas ruas de São Luís dando vivas à Monarquia, em direção à casa onde estava o governador Tito Mattos – provavelmente com fito de angariar seu apoio. O dirigente, sem confirmar ou contestar os boatos sobre a proclamação da República, dirigiu-se ao povo pedindo prudência, tranquilidade e manutenção da ordem pública. Mas não houve nada que contivesse o ímpeto dos manifestantes, ou seu temor da escravidão.

A fim de ratificar a veracidade da matéria publicada em *O Diário do Maranhão*, o relatório de Porciuncula se vale de dados do Hospital da Santa Casa da Misericórdia, reproduzidos a seguir conforme o documento original. As tabelas oficiais (imagens 1 e 2) confirmam os números do jornal, que noticiou a ocorrência de três mortes e informou que várias pessoas foram gravemente feridas no conflito. Mas essas tabelas também acrescentam às baixas mais uma vítima fatal, que veio a falecer em decorrência do tétano provocado por uma bala de metal. Entretanto, é possível que tenha havido mais mortes, posto que os números se referem apenas às pessoas que foram atendidas no Hospital da Santa Casa.

O historiador Luiz Alberto Ferreira, com base nesses registros hospitalares, afirma que o 17 de novembro foi verdadeiramente um massacre, chamando a atenção para o fato de que nove dos quatorze feridos ou mortos foram alvejados nas partes superiores do corpo (braço e antebraço) – o que qualificaria a intenção dos militares de matar, não apenas amedrontar ou dispersar a multidão[30].

Cemiterio da Santa Casa da Mizericordia

MAPPA demonstrativo dos corpos sepultados no cemiterio da Santa Casa da Misericordia, nos dias 18 e 19 de Novembro de 1889.

	NOMES	IDADES	NATURALIDADES	ESTADOS	CORES	MOLESTIAS	OBSERVAÇÕES
1	João de Britto............	40 annos	Maranhão	Solteiro	Parda	Ferimento por bala	
2	Sergio...................	22 »	»	»	Preta	Idem	
3	Martinho.................	29 »	»	»	Parda	Idem	
4	Raimundo Araujo Costa......	34 »	»	»	Preta	Tetano proveniente de bala	

Cemiterio da Santa Casa da Misericordia, 28 de Junho de 1890.

Joaquim Marques Rodrigues Neto.—Mordomo   Padre *Manoel Gonçalves da Cruz.*—Capellão interino.

FIG. 1. *Pessoas Mortas no Massacre de 17 de Novembro*
José Thomaz da Porciuncula, Relatório Com Que o Exmo Im. Dr. Thomaz da Porciuncula Passou à Administração do Estado em 7 de Julho de 1890, p. 6.

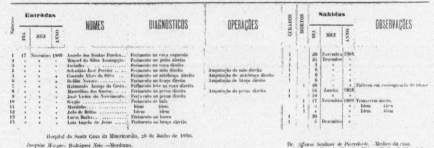

FIG. 2. *Pessoas Feridas no Massacre de 17 de Novembro*
José Thomaz da Porciuncula, Relatório Com Que o Exmo Im. Dr. Thomaz da Porciuncula Passou à Administração do Estado em 7 de Julho de 1890, p. 7.

O registro do hospital descreve os homens que morreram no conflito como solteiros, naturais do Maranhão, de cor preta ou parda. Uma vez que o evento ocorreu cerca de um ano e meio após a assinatura da Lei Áurea, que aboliu formalmente o trabalho escravo no país, essas tabelas não informam se esses homens eram livres ou escravos antes do 13 de Maio de 1888. Entretanto, sabemos que o mais jovem dos falecidos, Sergio, possuía 22 anos na data do confronto. Assim, todas as vítimas nasceram antes da Lei do Ventre Livre (1871), e a maior parte delas assistiu à crise política e econômica do sistema escravista no Brasil na fase adulta de suas vidas.

Destaco esses aspectos pois questões em torno da cor dos manifestantes e de seu estatuto, ou seja, se eram homens livres, libertos ou escravos no momento de assinatura da Lei Áurea, são invocadas em diferentes fontes sobre o episódio. O governador nunca menciona esses aspectos, referindo-se ao evento como "o movimento popular de 17 de novembro" e preferindo tratar os manifestantes por meio dos termos "massa" e/ou "povo", assim como, aliás, eles são tratados pelo relato jornalístico que coletou para descrever a contenda. Já o informe da Secretaria de Polícia do Maranhão que o estadista anexou a seu relatório atribui causa, cor e origem social ao protesto, no item "Tranquilidade Pública":

Não foi tão lisonjeiro, como seria para desejar-se, o estado da tranquilidade pública durante o período decorrido de novembro de 1889 a junho deste ano. O estabelecimento da República Federal, em 15 de novembro do ano passado, transformando inteiramente o sistema de governo no Brasil, deu margem a boatos inconvenientes, adrede levantados pela especulação que tratou, desde logo, de explorar a ignorância do povo para fins inconfessáveis, dando isto causa a um conflito que teve lugar nesta capital, em a noite de 17 daquele mês, em frente à tipografia do *Globo*, entre a força ali postada para defendê-la e *uma malta de homens de cor* que pretenderam atacá-la, resultando do mesmo conflito, que felizmente terminou logo, mortes e diversos ferimentos.
Na cidade de Caxias e na Povoação de Pedreiras, também houve um princípio de desordem, devido ao desregramento dos libertos ali aglomerados, o qual abortou, não tendo havido, entretanto, nenhuma ocorrência desagradável a lamentar-se. Mais tarde, no distrito de Cajapió, na cidade de Alcântara e na Vila de Guimarães, pelos motivos expostos nas comunicações que oportunamente vos foram feitas por esta Repartição, a ordem pública foi alterada, tendo sido imediatamente restabelecida, graças às acertadas e eficazes providências tomadas por vós; – reinando atualmente inteira paz e tranquilidade em todo o Estado.[31]

Assim, o conflito de 17 de novembro teria se originado de "boatos inconvenientes" em torno da Proclamação da República, que teriam sido ardilosamente utilizados com o "fito de explorar a ignorância do povo para fins inconfessáveis"[32]. Embora não sejam revelados nem o teor dos boatos, nem as razões para considerá-los inconvenientes, depreende-se que, para os gestores da polícia, os manifestantes que foram às ruas empastelar a conferência republicana estavam sendo manipulados por indivíduos de índole duvidosa. Ao contrário da descrição do protesto publicada em *O Diário do Maranhão*, que sugere uma motivação política própria aos revoltosos – a defesa do regime monárquico, expressa em gritos e vivas pelas ruas da cidade, e a manifestação de apoio ao governador em exercício –, na versão policial, a contenda seria o resultado da ignorância do povo, posta a serviço de especuladores sem nenhum caráter.

Outra característica peculiar do informe é que os manifestantes não são caracterizados apenas como povo, massa e outras metonímias utilizadas para designar os pobres. Para a Secretaria de Polícia, o ataque possui uma conotação racial, tendo sido orquestrado por uma malta de homens de cor. É essa a categoria que torna a descrição do protesto inteligível no excerto acima, embora o relato não permita entender completamente sua motivação, adjetivada de inconveniente ou inconfessável. Todavia, o próprio texto oferece pistas para perceber o sentido da classificação social manuseada para narrar o confronto.

É importante observar que, para os gestores da polícia maranhense, o conflito às portas do jornal *O Globo* se insere num contexto mais amplo de insubordinação popular, vivenciado em várias comarcas e vilas de diferentes partes do Estado. Dessa feita, os acontecimentos em São Luís pertencem ao conjunto de desordens públicas que teriam ocorrido em função dos desregramentos de libertos, também observados em Caxias, Pedreiras, Alcântara, Guimarães e Cajapió. Portanto, nos termos do órgão de segurança, não é sem razão a aludida falta de motivação própria aos revoltosos pois, na verdade, o conflito não expressava um questionamento político da nova ordem instituída, mas uma indisciplina considerada própria aos libertos.

Há uma dúvida que permanece: qual a relação observada pela polícia entre a malta de homens de cor na capital da província e os desregramentos dos libertos, ocorridos no interior do Maranhão; isto é, como se articulava, nessa perspectiva, a sugerida motivação racial de uns e o suposto passado escravo de outros? A questão é intrincada pois, como será discutido no segundo capítulo, desde os anos 1870, pessoas livres constituíam a maioria entre os chamados homens de cor no Maranhão[33]. Esses indícios permitem considerar a possibilidade de que muitas pessoas assim classificadas pela polícia possuiriam um estatuto social variado no momento em que a escravidão foi definitivamente abolida e que parte significativa delas poderia não apenas ser composta de libertos, como também por negros e pardos livres por direito. De fato, nem sempre as possíveis diferenças sociais e culturais entre os manifestantes são aventadas nos relatos sobre os protestos do dia 17. Pelo contrário, em alguns deles trata-se mesmo de rasurar as diferenças através de termos incriminadores como "maltas", "magotes" e "desregrados", que sugerem uma uniformidade, deslizando, semanticamente, entre a imputação de um passado comum na escravidão e a qualificação da inferioridade racial. Nesses relatos, o que se descreve é a ação de maltas de homens de cor despreparadas para a atuação política, ignorantes e perigosamente manipuláveis:

A pátria periga... Os inimigos do bem público, da tranquilidade e da ordem se reproduzem sob todos os aspectos, propagando ideias criminosas e subversivas contra o governo estabelecido da República, o governo da razão e da moral, o governo, em suma, digno de um povo livre independente!
    Caveat populus: latel anguis in herbis...
    Mercadores perdidos, todo o negócio lhes faz conta e por isso derramam no ouvido das multidões o veneno sutil da revolução, do assassinato, do roubo e do assalto! *Caveat populus!* Andam esses pescadores de águas turvas mentindo aos cidadãos da Áurea Lei 13 de Maio – que a República os quer escravizar!
    Concidadãos! Quem é que pode acreditar num semelhante embuste? Qual será o cérebro assaz enfermo que possa dar fé a um tal dislate?
    Qual é o governo da Liberdade por excelência, senão o da República?[34]

O trecho acima é esclarecedor. A matéria anônima foi publicada quatro dias depois do incidente, no próprio jornal agredido pelos manifestantes. De forma semelhante ao informe da Secretaria de Polícia, lemos em tintas carregadas de terror que houve manipulação da ignorância popular por aproveitadores de má-fé, que, por seu oportunismo, "derramam no ouvido das multidões o veneno sutil da revolução, do assassinato, do roubo e do assalto". Mais uma vez, não se concede qualquer conteúdo político ao protesto, visto como fruto da incitação das massas à insurreição e ao crime. Assim, os chamados "cidadãos da Áurea Lei 13 de Maio" correspondem a uma categoria diferenciada de brasileiros, para os quais a liberdade era um direito precário.

A indignação do articulista dirige-se, sobretudo, à natureza dos boatos que teriam influenciado o protesto: o embuste de que a República iria reduzir os cidadãos da Áurea Lei à condição de escravos. Para o jornal republicano de São Luís, nenhuma ideia poderia ser mais bizarra e somente um cérebro assaz enfermo poderia acreditar em tamanha contradição dos termos. Longe de pretender ao país o retorno à escravidão, a República – o governo da razão e da moral – requereria um povo livre independente. Além do mais, o texto questiona qual é o governo da liberdade por excelência, senão o da República. O problema é que nem todos responderiam em concordância com tais ideias. Afinal, a eloquência retórica dos republicanos não parece ter sido suficiente para convencer imediatamente todas aquelas pessoas a quem eles se dirigiam, às quais se referiam como massa, povo, homens de cor, libertos, ou mesmo cidadãos da Áurea Lei 13 de Maio.

E não apenas no Maranhão. No Rio de Janeiro, a chamada Guarda Negra – um grupo de feitio paramilitar, composto por antigos abolicionistas, capoeiras e trabalhadores urbanos –, foi fundada em fins de 1888 para defender a liberdade e expressar gratidão à princesa Isabel. A agremiação arrasava comícios republicanos e reivindicava o *status* de partido político por meio de José Patrocínio, um de seus porta-vozes[35]. O memorialista Dunshee de Abranches, em seu relato sobre o 17 de novembro, insere o conflito no conjunto das resistências à república, vivenciadas em províncias do norte agrário, e narra a confusão instaurada na cidade de Salvador quando, em 15 de junho de 1889, o tribuno e propagandista republicano Silva Jardim e o conde d'Eu, consorte da princesa Isabel, chegaram àquela capital, à bordo mesmo navio:

A massa popular, formada na maioria de libertos, precedendo ao luzido préstito dos mais ilustres titulares e mais nobres conselheiros, ex-ministros, senadores e deputados, entre os quais os mais poderosos luzeiros do atual congresso republicano, saudava ansiosa o enviado imperial. Do outro lado, os estudantes com alguns lentes, jornalistas e homens de letras erguiam vivas ao famoso propagandista.

O resultado, portanto, não se fez esperar. Deu-se um conflito inevitável, e Silva Jardim só pôde falar no saguão da Faculdade de Medicina. E aí mesmo tiveram os estudantes, com o sr. Virgilio Damasio à frente, de organizar a resistência.

Data daí a prosperidade política do honrado senador baiano; e s. ex., testemunha de vista, bem poderia fazer o histórico destes acontecimentos, em que se deram cenas lamentáveis, tendo até um médico distinto, que depois foi deputado do atual regime, de atirar sobre um popular que procurava alvejar a Silva Jardim e que ficou tão gravemente ferido que momentos depois morria, vítima de sua dedicação ao Império.

Daí por diante, os estudantes viviam corridos e ameaçados continuamente, tendo até de dissolver-se suas *repúblicas,* porque a massa inconsciente descobria naquele nome tradicional [...] uma provocação à Monarquia e à princesa imperial, a quem se dedicaram fantasticamente desde a lei de 13 de Maio.[36]

É particularmente relevante que Dunshee de Abranches tenha considerado o chamado massacre do Taboão, em Salvador, como uma espécie de antecedente do conflito que teve lugar, alguns meses depois, na capital maranhense. O evento em Salvador foi um entre os muitos embates utilizados para racializar a disputa política entre monarquistas e republicanos no tumultuado ano de 1889. A historiadora Wlamyra Ribeiro de Albuquerque, em sua obra *O Jogo da Dissimulação*, nota que o fato foi retratado pela imprensa como um conflito entre civilização e barbárie, uma ação de pretos monarquistas contra estudantes, professores e políticos republicanos brancos, de boa família. Conforme a autora, o jornal *Diário do Povo* conjecturou, inclusive, sobre a existência de uma "luta contra brancos"[37], arquitetada pela Coroa e levada a cabo pela facção baiana da Guarda Negra. Ao sugerir a conexão entre os dois acontecimentos, o escritor pretendia registrar a existência de um desconforto racial abrangente no país e sua relação com a mudança de governo, dadas as consequências sociais da abolição promulgada em 13 de Maio para senhores e libertos.

Também em Ouro Preto, então capital da província de Minas Gerais, registram-se notícias de conflitos entre libertos e republicanos em 12 de fevereiro de 1889, deixando mais de vinte pessoas feridas. "Segundo as informações, os motivos do conflito diziam respeito ao fato de que os turbulentos de Joanésia teriam se unido aos negros das cidades de Bordas e Sete Cachoeiras e passaram persuadir 'aos libertos que a República os quer reescravizar'."³⁸ Em Mato Grosso, tendo recebido a notícia da proclamação da República somente no dia 20 de novembro, cerca de 25 praças de um destacamento militar na foz do rio Apa se revoltaram contra o golpe. "À noite, alguns soldados deram morras à República e vivas à Monarquia, declarando não aderirem à nova forma de governo, porque haviam sido libertados em 13 de maio pela princesa Isabel."³⁹

A folclorista Hildegardes Vianna narra acontecimentos do 16 de novembro daquele ano na capital baiana.

Pouco a pouco os ânimos foram se exaltando. Pela tarde e à noite apedrejaram a pastelaria Esmero por ser ponto de reunião de vários políticos, os hotéis Paris e Bonaud por serem de franceses e as repúblicas de estudantes, na maioria simpatizantes da mudança de governo. Os corres-corres se sucediam. Na praça do Palácio, as correrias tomaram maior vulto, com disparos entre vivas à República e à Monarquia. Um indivíduo foi esfaqueado mortalmente na Visconde do Rio Branco. No beco de Água de Gasto, depredaram residências de pessoas que nada tinham que pudesse justificar o vandalismo. Em Nazaré, nas proximidades da casa de Manoel Vitorino Pereira, um grupo andou fazendo estripulia, dando morras e vivas, até que a polícia dispersou os manifestantes. Os jornais desmentem os boatos. Entretanto, o cadete sargento Nilo Tancredo Ribeiro da Silva, então um rapazola de pouco mais de quinze anos, contava que nesse dia subia a ladeira da Cova da Onça, vindo do Castro Neves, quando ouviu uma algazarra tremenda. Apressando os passos pôde ver uma turma de "mandigueirotes" (capoeiras) tendo à testa um sujeito apelidado de João Bandinha, em frente à casa do conselheiro Almeida Couto, dando vivas ao imperador e ao governador do Estado⁴⁰.

Esse tipo de reação – os corres-corres e os confrontos entre capoeiras, ao lado de outras formas de resistência popular frente à proclamação da República no Brasil – foi tradicionalmente desconsiderado pelos analistas, chegando inclusive a ser desqualificado, posto que não se enquadrava nos modelos liberais de ação política popular organizada. A documentação policial do interior paulista, analisada pelo sociólogo Karl Monsma, registra as apreensões do barão de Ribeiro Barbosa, prontamente informadas ao chefe de polícia no dia 25 de novembro, de que os antigos trabalhadores "pensam que o novo governo os virá reduzir à escravidão, tendo expulsado a princesa pra isso. Esses libertos têm feito várias reuniões e na de sábado deram muito no cidadão Bonifácio Sinzenado"[41].

A relevância do 17 de Novembro para a análise sociológica se revela quando observamos a abrangência nacional desses incidentes conflituosos, aparentemente esparsos, tomados em conjunto. Foi flagrante a desconfiança popular, em distintas regiões do país, de que o regime republicano objetivava restaurar a escravidão. São igualmente reveladoras as diversas referências às supostas motivações raciais e ao passado escravo daqueles que se insurgiram contra a propaganda republicana no ano de 1889 e também o são as menções à resistência contra a consumação do golpe militar que instituiu a nova forma de governo do país. Ou seja, o conflito no Maranhão é um evento[42], uma relação entre um acontecimento singular e uma estrutura social em transformação, que expôs de forma radical o engendramento entre raça e cidadania na formação do Brasil moderno.

OS NEGROS E A POLÍTICA NO PÓS-ABOLIÇÃO

Aqui, contudo, começam os problemas. É necessário indagar como se articula a relação entre posição social, cor e ação política no acontecimento em tela e nos embates semelhantes que aconteceram no Brasil do período. Ainda mais importante é entender como essas articulações revelam o caráter da mudança social experimentada no país, no interregno de um ano e meio que liga a assinatura da Lei Áurea à Proclamação da República. Por fim, também é preciso saber quais concepções de liberdade e igualdade eram ansiadas nos meios populares, marcadamente negros e mestiços, nessa conjuntura tensa e singular. A centralidade dessas perguntas se confirma na medida em que a alegação de suposta irracionalidade de um protesto de homens de cor, seja por medo da escravidão, ou em defesa da Monarquia, se repete tanto nas fontes consultadas, quanto em análises de casos semelhantes. Vale também interrogar por que o desconforto popular com a transformação política se converteu numa manifestação coletiva e pública, destoando da apatia que marcou a reação das camadas mais altas da cidade à chegada do novo regime.

É provável que uma das primeiras formulações desse problema tenha sido elaborada por Gilberto Freyre, no livro *Ordem e Progresso*. A obra é uma interpretação das consequências da República de 1889 para ordem política e social brasileira e, nesse sentido, uma de suas principais críticas à história oficial brasileira está no questionamento à tese de que o povo ficou completamente apático ante a proclamação da República:

> Voltemos a um ponto já ferido: o de ter sido completa a "apatia" da população brasileira ante a surpresa do 15 de Novembro. [...] É o que vem sendo dito e repetido nas histórias oficiais. Mas contra a realidade. "Ao proclamar-se a República no Brasil [...] correu o sangue de alguns negros em São Luís (Maranhão), os quais estavam convencidos de que deviam sua libertação ao trono", recorda um simpatizante do positivismo e da República, José Luso Torres, nascido no Maranhão em 1879, numas das respostas mais esclarecedoras provocadas pelo inquérito que serviu de lastro a este ensaio. Acerca do que, pormenoriza: "As balas que os vitimaram foram disparadas por um pelotão do 5º Batalhão, e eu passei a respeitar, muito mais ainda, o major Tavares", isto é, o comandante do tal pelotão. Esse major Tavares Torres – futuro engenheiro e futuro frequentador das conferências de Teixeira Mendes no Apostolado Positivista, no Rio de Janeiro – quando ainda menino, no Maranhão, invejara-o de tal maneira, que, pela impressão da "importância" dos "galões dourados" do major, é que seguira, adolescente, para a Escola Militar da praia Vermelha e daí para Rio Pardo. Daí o depoimento não ter sido escrito contra, mas a favor do militar republicano que não hesitou em mandar matar à bala os negros desarmados que, no Maranhão, se conservaram fiéis à Monarquia, considerando – no que não deixavam de ter alguma razão – os major Tavares, os Deodoro, os Floriano, os Benjamim Constant, militares desleais aos seus juramentos de lealdade ao trono. Se, retrospectivamente, valorizarmos a virtude da lealdade acima das outras virtudes, dentre as que estiveram dramaticamente em choque na consciência de alguns dos brasileiros que desde 1888 foram se sentindo obrigados a atitudes de definição pelo trono ou pela República, temos que reconhecer heróis e até mártires – heróis e mártires ignorados pela história oficial, quase sempre exclusivista e estreita, no seu modo de consagrar vencedores – em negros e ex-escravos como as vítimas do major Tavares em São Luís do Maranhão. Negros e ex-escravos espontâneos na sua dedicação ao trono que fizera deles homens livres. Porque negar-se a espontaneidade à atitude de lealdade de muitos desses negros e ex-escravos com relação à Monarquia, redentora e protetora deles, não se compreende: essa espontaneidade existiu tanto da parte dos negros que, no Maranhão, foram abatidos pelos

tiros um tanto covardes dos soldados do major Tavares como pelos que, no Rio de Janeiro, foram abatidos por tiros, da parte de ioiôs republicanos igualmente armados de armas de fogo ao se defenderem de pretos da Guarda Negra, armados simplesmente dos cacetes denominados petrópolis: quando muito, de navalhas. É o que se depreende do depoimento insuspeitíssimo de Medeiros e Albuquerque. Ele próprio, Medeiros, foi então um dos agitadores republicanos; e confessa ter saído de casa, para enfrentar seus rivais, os agitadores redentoristas ou monarquistas – a chamada Guarda Negra – levando "um excelente Smith and Wesson" e "duas caixas de balas". [...] Era quase uma espécie de Ku-Klux-Klan, semelhante à do Sul dos Estados Unidos, após a vitória do Norte na Guerra Civil, que se esboçava no Brasil, da parte de brancos e de quase brancos, contra negros ou gentes de cor. Em minoria, organizaram, esses burgueses brancos ou quase brancos, entre nós, o movimento republicano, à base da superioridade técnica de suas armas e empregando-as contra brasileiros de cor, cujo crime provinha principalmente do excesso de uma virtude, não possuída ou revelada por alguns dos mesmos republicanos: a lealdade, a fidelidade, a gratidão. Gratidão ativa e não apenas passiva.[43]

O autor inverte os sinais da memória republicana sobre a ação popular na cena política. Não se trata de um desregramento de libertos, ou de uma demonstração de barbárie. Aquelas pessoas agiram de forma espontânea, movidas por sentimentos nobres de lealdade e dedicação ao trono que fizera deles homens livres. Note-se a crítica ao exclusivismo da história oficial, que ignora, nesses "mártires" e "heróis", o que suas ações podem revelar sobre a sociedade brasileira. A mordacidade de Gilberto Freyre vai ao ponto de conectar o republicanismo de Luso Torres ao brilho hierárquico das fardas militares, antes de qualquer ideologia. O sociólogo pernambucano mostra-se bastante chocado com o relato dos acontecimentos em São Luís e com os confrontos à bala entre republicanos e a Guarda Negra, no Rio de Janeiro. Para o autor, há uma conexão evidente entre os dois processos, revelada no modo contíguo como ele manipula sistematicamente os termos negros e ex-escravos, com os quais sugere a existência de motivações de ordem racial e social no protesto.

No excerto acima, é curiosa justamente a aproximação, decerto extremada e polêmica, entre os republicanos brancos brasileiros e a Ku-Klux-Klan estadunidense, por meio da qual se revela o aspecto mais original da abordagem contida em *Ordem e Progresso*. O sociólogo pergunta – e nisso foi o único – por que, afinal de contas, essas pessoas não hesitaram em lançar mão do emprego de violência letal. Qual a fonte simbólica da autoridade moral para matar? "Comprometeu-se assim durante o movimento republicano agitado no país por essa minoria de ioiôs privilegiados – alguns privilegiadíssimos [...] muito do que, como confraternização social entre brancos e homens de cor havia se conseguido durante a campanha paraguaia"[44]. Para o autor, o emprego consciente da violência letal pressupõe um sentimento de superioridade racial e poder frente ao corpo das vítimas, que resulta em enorme desprezo por suas vidas e humanidade.

Paradoxalmente, a interpretação de Gilberto Freyre esvazia, de certo modo, as manifestações de qualquer sentido político, seja na ação da Guarda Negra, no Rio de Janeiro, ou no protesto de 17 de novembro, no Maranhão. A ação política dos negros e ex-escravos é considerada um ato de gratidão ativa. Sobre a abolição, o autor lança mão do entendimento de que a liberdade conquistada seria uma dádiva que emana da vontade senhorial, cuja contraparte deve ser a lealdade e a gratidão dos libertos. Tão aferrado é o ângulo de Freyre ao paternalismo senhorial, que a inteligibilidade da ação popular se faz pela via da emoção e do sentimento.

Talvez tenha sido por compartilharem desse mesmo princípio (o de que na tutela senhorial reside a causa última da ação política dos libertos e outros negros), que os republicanos da primeira hora repudiaram com tanta veemência a "irracionalidade" dos manifestantes. Segundo eles, essa seria mais uma prova do despreparo daquela gente para a liberdade. Em São Luís, os colunistas de *O Globo* afirmavam que apenas um cérebro assaz enfermo acreditaria no embuste de que a República traria de volta o cativeiro. Por razões similares, tornou-se famosa a declaração do político republicano Rui Barbosa sobre a recepção popular ao novo regime: "Ao manipanso grotesco das senzalas, próprio para a gente d'África, sucedia o feiticismo da idolatria áulica, digna de uma nação de libertos inconscientes."[45] Como se sabe, o jurista elaborou uma perspectiva influente no imaginário republicano brasileiro.

O sociólogo Florestan Fernandes, em *A Integração do Negro na Sociedade de Classes*, tentou formular uma explicação para essa suposta incoerência entre as aspirações igualitárias cultivadas por negros e militantes abolicionistas e as escolhas feitas por eles no pós-abolição. O curioso, diz ele, "é que tanto as reações dos brancos, quanto as dos negros *contra* essa situação assumiram franco caráter irracional, revelando um apego sociopático ao tradicionalismo"[46]. Dos brancos, destacou a concepção tradicionalista de que os negros não conseguiriam viver bem em liberdade, sem a tutela de seus antigos senhores. Dos negros, inferiu a ausência das disposições necessárias para a vida numa sociedade de classes urbana e moderna. E até julgou como ineficazes e contraditórias, se não perniciosas, as iniciativas do abolicionista Antônio Bento junto aos libertos paulistas logo após o 13 de Maio.

o desencanto político arrostou Antônio Bento (e seus eventuais seguidores) a um estado de espírito de cunho reacionário. Daí resultou uma perniciosa campanha contra as instituições republicanas e as autoridades que as representavam, que em nada auxiliava a integração do negro no regime de classes. Ao contrário, fomentava atitudes saudosistas, de identificação com a Monarquia, e certo desprezo pelas "leis da República", incapaz de auxiliar o negro a bater-se desde logo, de modo direto, responsável e organizado por seus direitos como cidadão[47].

Conforme o argumento apresentado, a abolição constituiu um momento de inflexão da revolução burguesa no Brasil, quer dizer, de estímulo ao surgimento de formas de conduta, estilos de vida e disposições culturais típicas de uma sociedade de classes, ou seja, de uma ordem social competitiva. A interpretação de Florestan Fernandes pretende que haja uma continuidade necessária entre posição social, cor e opção política entre os agentes. É forte a imputação de valores, atitudes e objetivos que não pertenciam ao contexto cultural dos agentes, o que implica no desenho de um quadro analítico em que a luta social pela ampliação material da cidadania e a integração social do negro pressupõem, necessariamente, o marco político republicano. Daí a pecha de reacionárias e saudosistas, atribuída pelo sociólogo às escolhas políticas em defesa da Monarquia nos primeiros anos da República.

Uma crítica influente a essa forma de análise surgiu em *Os Bestializados*, do historiador José Murilo de Carvalho. Para o autor, não seriam reacionárias ou saudosistas as reações de apoio popular, ou mesmo político, ao trono, no pós-abolição.

Eu diria mesmo que a Monarquia caiu quando atingia seu ponto mais alto de popularidade entre esta gente, em parte como consequência da abolição. A abolição deu ensejo a imensos festejos populares que duraram uma semana e se repetiram no ano seguinte, cinco meses antes da proclamação da República. A simpatia se dirigia não só à princesa Isabel, mas também a Pedro II, como ficou evidenciado por ocasião da comemoração do aniversário do velho imperador, a 2 de dezembro de 1888. Segundo o testemunho do republicano Raul Pompeia, o Paço Imperial foi invadido por uma "turba imensa de populares, homens de cor a maior parte".[48]

Vários aspectos das fontes sobre o protesto ocorrido em São Luís, em 17 de novembro, coadunam-se com essa interpretação. A descrição do *Diário do Maranhão*, destacando os gritos de vivas à Monarquia, sugere que a família real teria atingido enorme popularidade junto ao povo no período. Carvalho considera que o regime republicano, pelo contrário, distanciou-se do povo, devido à "prevenção republicana contra os pobres e negros [...] na perseguição movida por Sampaio Ferraz contra os capoeiras, na luta contra os bicheiros, na destruição, pelo prefeito florianista Barata Ribeiro, do mais famoso cortiço do Rio, o Cabeça de Porco em 1892"[49]. Tais problemas teriam criado um ambiente progressivamente hostil entre a República de 1889 e as camadas populares no Rio de Janeiro. Nesse sentido, o fato de as transformações políticas brasileiras serem tradicionalmente conduzidas por uma elite política centralizadora e encastelada na burocracia estatal teria sufocado a margem de influência civil em tais processos, provocando, por vezes, indiferença ou hostilidade popular[50]. A hipótese é muito sugestiva para o caso do protesto em São Luís, por se tratar da periferia econômica e política do Brasil, onde o povo estava ainda mais distante das decisões que conduziram o país à República.

Contudo, fica implícito na análise de José Murilo de Carvalho que, em fenômenos como os acontecimentos marcados pela ação da Guarda Negra, no Rio de Janeiro, e os embates na capital maranhense, a Monarquia colhia os frutos de seu empenho pelo fim da escravidão, lutando contra suas próprias bases sociais, entre os latifundiários. O autor argumenta, em outro lugar, que a Monarquia soçobrou em 1889, "não pela ineficácia, mas, pelo contrário, por ter promovido ou facilitado a ação contrária a grupos dominantes, sem ao mesmo tempo construir uma base de poder que substituísse ou equilibrasse a dos donos de terra"[51]. Tal interpretação transforma o último governo ocidental do mundo a abolir a escravidão no principal agente da abolição no Brasil[52].

Pesquisas recentes sugerem que a associação simbólica entre a Monarquia e a ação política para derrubar a escravidão foi bem mais tardia. Conforme o historiador Robert Daibert Junior, "somente na década de 1880, em um contexto em que a expectativa pelo fim da escravidão tornou-se um consenso entre a população, é que a herdeira do trono passou a apresentar-se publicamente como crítica à instituição escravista [...]"[53]. Em seu diário, o abolicionista negro André Rebouças registrou a data da primeira manifestação pública da princesa a favor da abolição completa, revelando que isso somente teria acontecido três meses antes do 13 de Maio, no dia 12 de fevereiro de 1888[54]. De acordo com essa interpretação, a construção da imagem pública da herdeira do trono como uma abolicionista apta a realizar as reformas que conteriam a crise do Império tornava-se um empreendimento necessário, no qual estava em jogo a legitimação do que seria o Terceiro Reinado, num contexto internacional em que apenas o Brasil naufragava como país escravista.

Além disso, existem indícios de que a consolidação de Isabel como a redentora dos escravos e a própria imagem positiva da Monarquia entre os negros foi algo que se constituiu tardiamente. O historiador Ronaldo P. de Jesus sustenta que a relação das pessoas comuns com o Segundo Reinado foi marcada pela indiferença: "o Estado era percebido como impossível de ser influenciado, ou minimamente moldado, a partir dos interesses dos simples súditos ou cidadãos. Era uma instância à qual eventualmente recorriam, mas que, no entanto, permanecia distante do entendimento completo e do controle da gente comum"[55]. Com base em crônicas de jornal dos dias 13 a 20 de maio de 1888, o autor argumenta que mesmo as chamadas "festas da abolição", no Rio de Janeiro, se destacaram pelo caráter não popular das manifestações públicas. Naquelas celebrações predominariam representantes dos setores médios urbanos da capital (estudantes, jornalistas, funcionários públicos, políticos profissionais, médicos, advogados, engenheiros, poetas) que estiveram empenhados no ativismo abolicionista.

De tal modo, a festa da abolição na corte, geralmente identificada com o apego das classes populares ao regime monárquico, não foi a festa dos cerca de sete mil escravos que habitavam o Rio de Janeiro em 1888. Estes, provavelmente, expressaram o seu contentamento com o término do cativeiro organizando seus folguedos, batuques e festejos em algum lugar distante das comemorações em que se visualizava a suposta recuperação de popularidade da Monarquia. Entre outros motivos, porque naquele momento, e durante muitos anos depois da abolição, não valeria a pena ser identificado como escravo, ou ex-escravo, numa sociedade altamente hierarquizada e discriminatória[56].

Esse aspecto ainda é fonte de muitas controvérsias na literatura especializada, mas é preciso reter sua ênfase na clivagem entre o júbilo pela abolição e a identificação do povo com o regime monárquico. As fontes sobre o protesto de 17 de novembro em São Luís enfatizam que a motivação para a manifestação pública, para que um grupo grande de pessoas saísse às ruas, foi o medo do retorno à escravidão e não necessariamente a defesa específica de uma forma de governo. No entanto, a simbologia ambígua que se forjava em torno da princesa Isabel poderia se prestar a ambas as coisas e ouviram-se muitos vivas à Monarquia nas ruas de São Luís no dia 17 de novembro. Nesse ponto, a hipótese que orienta todo este livro é que a experiência da subordinação racial e a clivagem de direitos, bem como a legitimidade para violência física e simbólica dela decorrente, mediou as escolhas políticas e a expressão pública dos interesses da gente negra no pós-abolição.

Como vimos anteriormente, muitos dos ingredientes que tornam os acontecimentos de São Luís uma aporia residem no tópico do medo da escravidão entre os insurgentes. O problema é importante, pois retoma, sob nova chave, a questão da racionalidade das motivações que estimularam o protesto. Embora o tom de surpresa e indignação domine as interpretações históricas voltadas ao fuzilamento em São Luís, uma das descobertas mais interessantes da historiografia contemporânea é que as fronteiras entre o trabalho escravo e o trabalho livre eram bem mais porosas do que essas definições legais sugerem. Na prática, o medo da reescravização terá sido uma constante na vida de homens e mulheres negros e livres durante o século XIX[57].

Motivações semelhantes às do protesto na capital maranhense, no tocante ao medo da escravidão, foram encontradas entre os manifestantes de uma série de motins armados que ocorreram em 1852, em diversos lugares do país. Conforme explica Sidney Chalhoub, as insurgências aconteceram nos estados de Pernambuco, Paraíba, Alagoas e Sergipe, com casos isolados no

Ceará e Minas Gerais, como forma de reação contra o registro obrigatório de nascimentos e óbitos, que exigia dados precisos sobre o estado civil e a cor dos habitantes do país. Mais uma vez, o medo de que a medida visasse reescravizar a gente de cor e livre, pouco depois da pressão militar inglesa ter inviabilizado o desembarque ilegal de africanos no país, foi motivo de revolta e sublevação. Para o autor, uma explicação razoável para a vigência generalizada do medo da escravidão é o fato de que liberdade era um direito precário para população negra, livre ou liberta:

Não se pode subestimar o quanto o risco de ser empurrado de volta à escravidão, ou de ser reduzido ilegalmente ao cativeiro, pautava o pensamento, a conduta e as estratégias de vida dos negros brasileiros daquele tempo [...].

Os cárceres imperiais estavam normalmente cheios de negros detidos sob a suspeita de que fossem escravos, de andarem fugidos. A detenção poderia durar pouco, na hipótese de o senhor se apresentar logo para "reclamar" sua propriedade, de o escravo prestar informações corretas para a localização do proprietário, de o negro conseguir acionar padrinhos e mostrar documentos que provassem a sua liberdade, se fosse livre ou liberto. Outra vezes, mofava-se na cadeia, a esperar investigações que a polícia demorava a fazer, quando as fazia, a virar força de trabalho do governo em obras públicas e outros serviços.[58]

O medo da escravidão também aponta para a relevância da cor da pele na precarização dos direitos das pessoas comuns livres. No caso de São Luís, que possuía uma numerosa população negra livre bem antes da Lei Áurea, talvez esse sentimento também incluísse a repulsa a formas racializadas de subjugação. Por outro lado, o problema do "medo da escravidão" depois do 13 de Maio pode ter a força das diversas aspirações sociais que estavam em jogo, em torno da noção de liberdade. Conforme argumentou Eric Foner há quase trinta anos, em seu estudo clássico sobre o pós-abolição nos Estados Unidos, a liberdade, longe de ser uma categoria estática e predeterminada, constituiu-se num campo de conflito, abrigando interpretações diversas entre negros e brancos. "De fato, os negros trouxeram da escravidão uma nova compreensão da sua nova condição, pautada tanto pela sua experiência como escravos, quanto pela observação da sociedade livre ao seu redor."[59] A liberdade podia significar a reconstrução de laços familiares, a abolição dos castigos físicos no ambiente de trabalho, o acesso à terra, a oportunidade educacional para os filhos, a possibilidade de não servir a pessoa alguma, enfim, o término de um conjunto de injustiças associadas à escravidão e a independência das políticas de tutela e domínio forjadas na derrocada do escravismo.

Diversos conflitos no pós-abolição brasileiro constituíram-se como disputas práticas e materiais em torno dos significados da abolição. O historiador Walter Fraga Filho examinou esse problema, tendo em vista a disputa pelo usufruto da terra entre os libertos e seus ex-senhores no Recôncavo baiano. "Assim, para muitos ex-escravos dos engenhos, o projeto de liberdade poderia incluir a manutenção do direito costumeiro de acesso às roças de subsistência. A defesa de tal direito era parte das lutas dos libertos para ampliar as possibilidades de sobrevivências alternativas à grande lavoura."[60] A roça representou, para os libertos, a possibilidade de fugir da sujeição, trabalhar para si mesmos e para suas próprias famílias e buscar acesso aos mercados locais, isto é, uma alternativa ao trabalho dependente das plantações de cana, onde muitos deles haviam passado uma vida inteira como escravos. Os esforços de autoridades públicas e de antigos senhores para conter a ampliação das áreas de cultivos dos libertos, ou mesmo as restrições ao direito costumeiro do acesso às roças localizadas dentro dos engenhos, pretendiam limitar o conteúdo social da abolição.

De qualquer maneira, o problema nesse terreno é que as representações coletivas em torno do medo do cativeiro, ou mesmo da alegada "idolatria áulica", não explicam por que as pessoas foram às ruas e organizaram um protesto. Os relatos sobre conflitos semelhantes em outras partes do país, apresentados anteriormente, revelam gente que pensava da mesma forma que os manifestantes de São Luís, compartilhavam de algumas de suas apreensões, mas não se dirigiram às ruas para expressar seu inconformismo, quando da proclamação da República. Nesse sentido, o próprio protesto, enquanto forma coletiva da ação social, chama a atenção, pois oferece pistas relevantes para a interpretação.

Nesse âmbito, destaca-se a contribuição de Angela Alonso ao assinalar que o abolicionismo inaugurou um novo tipo de política no Brasil. Uma forma de política que utilizou o espaço público, ao invés do parlamento, através de agentes mal enquadrados na política aristocrática do Império: homens públicos de cor como Luiz Gama, André Rebouças, José do Patrocínio e mesmo gente que se fazia ver pelo sobrenome, como Joaquim Nabuco, oriundo de uma família nordestina em decadência. Pessoas com esses perfis articularam uma enorme mobilização de massas urbanas que colocou o povo no centro da vida pública.

De 1878 a 1885, o ciclo de protesto abolicionista teve por fulcro o proselitismo. Foram 587 manifestações no espaço público, orientadas para persuadir a opinião pública e angariar novos adeptos. Seus intuitos ordeiros se materializaram num símbolo: as flores. Aos poucos, o repertório das técnicas de protesto se alargou. As conferências-concerto transbordaram dos teatros. A concentração em jardins, que as precedia, se desdobrou na Corte em quermesses, feiras, alvoradas, serenatas, bem como em deslocamento aos teatros, que o relatório da CA de 1884 listou como desfile, cortejo, parada, procissão cívica, marcha, *marche aux flambeaux* (marcha com archotes). Disseminaram-se os *meetings*, à inglesa, aglomerações a céu aberto. De noite e de dia, muitas vezes com banda, passeatas e manifestações viraram rotina[61].

Essa perspectiva, orientada pela teoria sociológica do confronto político, sugere a interessante ideia de que a manifestação nas ruas de São Luís pudesse integrar tal ciclo de protestos de rua, animado pelo movimento abolicionista. Em geral, "logo que os 'primeiros insurgentes' dão início ao ciclo, cada vez mais demandantes disputam reconhecimento e resposta"[62]. Embora a teoria do confronto político não informe as questões deste livro, é de grande valor inquirir a influência do abolicionismo sobre o protesto maranhense, observando sua forma e seus símbolos, tendo em mente que esse novo ímpeto de fazer política nas ruas foi uma novidade do último quartel do século XIX, no Brasil. No mais, o exame de outros conflitos envolvendo republicanos e homens de cor, na São Luís de 1889, ajudará a compreender como a questão racial entrou em jogo na esfera política.

Um dos aspectos mais relevantes da análise desses conflitos que envolveram antigos senhores, autoridades do Estado, libertos e outros negros no pós-abolição é o uso acentuado da violência física no exercício da categorização e da desclassificação social com base na raça. Um dos elementos mais ricos que o contexto do pós-abolição oferece à história e à sociologia do racismo no Brasil é a evidência de um momento, posterior à escravidão, no qual a violência desempenha um papel central na formação de grupos enquanto raças no país. O Massacre de 17 de Novembro explicita essa dimensão, percebida com muita acuidade por Gilberto Freyre, conforme mencionado anteriormente, mas ainda pouco explorada pelos analistas contemporâneos. Exceção feita ao sociólogo Karl Monsma, que confere destaque ao papel da violência na regulação das relações sociais. O argumento do autor é que a experiência de insubordinação dos escravos, ingênuos (aqueles que haviam sido alforriados por efeito da Lei do Ventre Livre, de 1871) e libertos nos últimos anos da escravidão gerou enorme ressentimento entre os senhores. "Depois do 13 de Maio, eles olhavam os libertos com uma mistura de suspeita, medo e ódio. Muitos acreditavam que a repressão rigorosa seria a única maneira de controlar os ex-cativos e reinfundir neles a deferência e o respeito pelos ex-senhores e outras elites locais."[63] Um dos pontos mais interessantes de sua análise é a descoberta de algumas ocorrências de linchamento racial no oeste paulista. Isso aconteceu, no mais das vezes, sob a motivação de acusações de rapto e estupro de mulheres brancas[64]. O autor oferece a seguinte explicação:

Todos esses eventos responderam a desafios abertos à predominância dos homens brancos. As relações sexuais entre homens negros e mulheres brancas desafiavam a honra dos homens brancos, que se baseava em parte no seu monopólio sobre mulheres brancas. Nos casos que não envolviam sexo, o desrespeito por homens brancos era direto e não passava por relações com mulheres brancas. Parece que a fúria contra os negros e a vontade de recolocá-los no "seu lugar" com violência só eram suficientes para unificar os brancos de diversas origens nacionais e classes sociais quando as vítimas eram acusadas de violações graves na ordem racial.[65]

Os casos de linchamento racial e outros tipos de confronto são reveladores, pois tornam evidente o papel relevante da violência na desclassificação racial dos negros brasileiros no pós-abolição, especialmente nos primeiros anos após o 13 de Maio. Porém, como sugere Monsma, o racismo, expresso nos casos de linchamentos no oeste paulista, deve ser interpretado com base nas especificidades dos processos de racialização do Sudeste do país – região profundamente marcada pela imigração europeia e pela preponderância demográfica de homens brancos. Essa situação é muito diferente daquela vivenciada no Nordeste brasileiro, de modo geral, e no Maranhão, em particular.

Nesse sentido, é importante se dedicar à análise das especificidades do processo de racialização na periferia do Brasil. O modo e as circunstâncias nas quais as classificações de cor e outras categorias se tornaram portadoras de ideias de raça, no sentido oitocentista do termo, é um ponto de partida para interrogar por que, às margens do país, a mudança na forma de governo foi capaz de catalisar imediatamente, através de um protesto de libertos e outros negros e de seu desfecho violento, as contradições imersas na reorganização da hierarquia social no pós-abolição.

2. Raça e Cidadania no Pós-Abolição Maranhense (1888-1889)

No livro de memórias *A Esfinge do Grajaú*, o abolicionista Dunshee de Abranches narra sua viagem rumo aos chamados sertões do Maranhão para exercer a condição de promotor público, em agosto de 1888. No povoado de Pau d'Arco, próximo à cidade de Pedreiras, na região do Alto Mearim, o jovem funcionário do Estado descobriu que, passados três meses da abolição, "o tambor rufava há duas semanas em honra do Espírito Santo, festejava-se ainda a Lei de 13 de Maio. Magotes de libertos, chegados de pontos longínquos, pungavam dia e noite ao som desse batuque infernal, alimentados pelo álcool"[1]. Logo que os libertos souberam tratar com um homem da lei, proveniente da capital, denunciaram que, ali próximo, nas terras do major Saldanha, ex-deputado da Assembleia Provincial, "o bacalhau [chicote] continuava a reinar e os negros a gemerem na escravidão"[2]. O promotor público dirigiu-se à fazenda, a fim de confirmar as acusações:

Ao enfrentar a porteira da fazenda do régulo matuto, mandei que o meu companheiro fosse indagar se se achava em casa [o major Saldanha]. Alguns pretos, que acudiram ao tropel dos cavalos, responderam que, três dias antes, seguira para capital. Fiz então uma pequena fala para esses infelizes, que nos confessaram que "seu Senhor disse-lhes que, de fato, haviam sido forros pelo Imperador, mas que tinham que continuar a trabalhar nas roças até que o Governo pagasse suas alforrias". Procurei convencê-los de que estavam sendo ludibriados pelo major, mas, ao meter esporas no cavalo, tive certeza que permaneceriam servilmente no eito.[3]

Esse relato dos rincões maranhenses informa o quanto a construção social da liberdade no Brasil foi um processo diferenciado e desigual. A emancipação dos últimos escravos no Brasil foi sancionada numa só penada, mas chegou de diversas maneiras ao norte e ao sul do país, conforme o desenvolvimento da economia e sua função no sistema agroexportador; a preponderância ou não da população negra e mestiça nas províncias, cidades, comarcas e povoados; a importância do trabalhador livre nas diferentes agriculturas escravistas; a presença do incentivo estatal ou privado em favor da imigração estrangeira europeia ou asiática; o atraso ou modernização do sistema produtivo da grande lavoura; a força política do latifúndio no pós-abolição; e a relevância dos Estados e regiões na condução da política brasileira.

Nesse sentido, a configuração do pós-abolição brasileiro foi um processo bastante heterogêneo. Mesmo nos casos de continuidade, em que houve a manutenção da escravidão ou da tutela sobre os libertos após o 13 de Maio, as condições que viabilizaram a persistência do domínio senhorial variaram em diferentes lugares e situações. Entretanto, não é demasiado lembrar que, para os negros – fossem cativos ou livres –, a abolição foi uma transformação política radical, que afetou profundamente o modo com que eles enxergavam os seus direitos e o seu sentido de pertencimento à nação brasileira. Não sem razão, o tambor rufava em festa no interior maranhense, meses depois de legalizado o fim do cativeiro no país, e os libertos não perderam a chance de denunciar a escravização ilegal assim que tiveram oportunidade. Mesmo as pessoas escravizadas pelo major Saldanha sabiam que haviam sido "forras" pelo imperador e, provavelmente, aceitaram sua condição, entre outras razões, devido ao senso comum vigente de que as alforrias precisavam ser pagas.

O presente capítulo visa caracterizar o pós-abolição maranhense, tendo em vista a relação entre a luta social pelos significados da liberdade na derrocada do mundo senhorial e o progressivo estabelecimento da categorização racial, enquanto critério hegemônico de subordinação de grupos. Trata-se de investigar as especificidades do processo de racialização numa região periférica do Brasil, observando o modo como as classificações de cor e outras categorizações de grupo vigentes na sociedade imperial e escravista brasileira (como "libertos", "moleques" e "negrinhas", entre outras) se tornaram portadoras das ideias raciais modernas oitocentistas que se disseminaram no país, alimentando um senso comum e prático acerca da inferioridade biológica e cultural dos negros. Um contexto que nos permite observar a constituição de uma cidadania negra, de segunda classe, no Brasil.

Tal problema impõe perguntas sobre a importância da cor como critério de distinção na estrutura social brasileira antes da abolição. A questão é relevante porque, no Brasil, o fim da escravidão faz parte do desmantelamento de uma ordem social específica – a sociedade imperial –, em que as distinções entre os grupos sociais não são predominantemente reguladas pela posição dos indivíduos no mundo da produção, mas organizadas segundo distinções estamentais regradas legalmente pelo sistema político. Essa foi uma sociedade de marqueses, viscondes, barões e duques, com privilégios e direitos específicos, e mesmo a base da sociedade não estava imune a diferenciações de cunho aristocrático. Em *Negros, Estrangeiros*, Manuela Carneiro da Cunha assinala que, nessa configuração, havia três grandes critérios que diferenciavam a gente negra: a cor, a nacionalidade e a condição legal de escravo, liberto ou livre de nascimento. Assim, os direitos de um africano liberto eram frequentemente mais limitados do que os de um brasileiro liberto. E "preto" tendia a ser uma classificação utilizada para nominar "escravos" e não pessoas negras livres. Assim, a organização social permitia a hierarquização e a divisão da gente negra, uma vez que, a despeito da existência de preconceitos de fidalguia e linhagem, a insistência imperial na linha que separava cidadãos e escravos como a divisão fundamental da sociedade permitia a ascensão controlada de pardos e mulatos livres e o surgimento de distinções sociais entre os de baixo.

QUADRO 1
HIERARQUIAS SOCIAIS NO BRASIL NO SÉCULO XIX[4]

Homem branco livre, de classe alta Mulher branca livre, de classe alta
linha da classe social
Homem branco livre, de classe média Mulher branca livre, de classe média
linha da cor
Homem mulato livre Mulher mulata livre Homem negro liberto Mulher negra liberta
linha da escravidão
Homem negro escravo Mulher negra escrava

O modelo de estrutura social sugerido por José Murilo de Carvalho[5] permite visualizar a capacidade da sociedade imperial de multiplicar as hierarquias acima e abaixo da linha da escravidão, assim como enfatizar as limitações do mundo livre no Brasil. O ponto controverso dessa tipologia reside no uso excessivamente abrangente da noção de classe social para designar a concentração de recursos econômicos nessa sociedade. A leitura adequada do quadro implica que o leitor esteja atento ao fato de que a sociedade imperial difere daquelas que os historiadores e sociólogos costumam chamar de sociedade de classes, referindo-se à emergência das sociedades industriais burguesas europeias. É possível observar que os valores e os sentimentos existentes no topo da hierarquia social brasileira são os de que aqueles que ocupam as posições mais elevadas constituem uma nobreza de fidalgos, com direitos estatutários dos quais derivam a riqueza e a propriedade, e não o contrário, como é comum na ordem social competitiva burguesa. Outro dado complexo é que a própria linha da escravidão era nativamente designada através da nomenclatura das cores. Conforme argumentou Hebe Mattos, em *Das Cores do Silêncio*, a noção de cor, herdada do período colonial, não designava preferencialmente matizes de pigmentação ou níveis diferentes de mestiçagem, mas buscava definir lugares sociais, nos quais a etnia e a condição estavam indissociavelmente ligadas.

O meu argumento é que a persistência e imponência da cor como critério de distinção e formação de grupos no pós-abolição deve-se à plasticidade e ambivalência dessa forma de classificação, que incorporou o significado moderno e oitocentista de raça sem desclassificar inteiramente os valores do passado. O simbolismo das cores no pós-abolição carrega consigo a tentativa de perpetuação da cultura da escravidão nas relações sociais. Nesse sentido, como é possível inferir dos trabalhos pioneiros da Escola Paulista de Sociologia, a imputação "raça" é experimentada pelos libertos e outros negros como uma persistência do passado[6]. Mas isso é apenas uma parte da explicação. A intensificação do processo de racialização na conjuntura observada estava relacionada à modernização política da sociedade brasileira, quando as reivindicações por liberdade e igualdade passam a prescindir de referências à origem, ao nascimento e à cor.

A CRISE DO ESCRAVISMO NO MARANHÃO

Como essa realidade se configurou na sociedade maranhense? É o problema a que me dedico nas próximas seções. Destacarei aqui a crise do escravismo no Maranhão com relação a três fatores que deram uma feição particular ao processo de racialização da região estudada: a importância demográfica da gente livre de cor; as dificuldades de controlar o território numa região de fronteira; e a posição periférica da administração local e de suas demandas no âmbito do Estado nacional.

O atual estado do Maranhão possui uma história bastante singular no quadro das regiões que formaram o Império brasileiro, posto que integrou, junto ao Pará e ao Amazonas, o chamado estado do Maranhão e Grão-Pará, um domínio colonial português separado do antigo Estado do Brasil. Toda essa porção setentrional, à diferença da Bahia, de Pernambuco e do Rio de Janeiro, foi integrada ao tráfico massivo de escravos apenas na segunda metade do século XVIII, como fruto da política de proteção de fronteiras, povoamento, dinamização econômica e integração regional da colônia sul-americana, instituída pelo Marquês de

Pombal. Pode-se dizer que o *boom* do escravismo maranhense, centrado na exportação do algodão, integra o fenômeno que Dale Tomich, em sua obra *Pelo Prisma da Escravidão*, chamou de segunda escravidão, para caracterizar o surgimento de plantações escravistas conectadas à Revolução Industrial – no caso, à indústria têxtil inglesa. No ano de 1815, o Maranhão tornou-se a capitania brasileira que, proporcionalmente, continha a maior população de pessoas escravizadas em todo o Império[7]. Conforme é possível identificar em mapa construído para os anos 1860 [*imagem 3*], a pecuária mais ao sul da capitania e a produção de arroz, farinha e, em menor escala, açúcar, compunham importantes setores dessa economia de exportação.

Entretanto, múltiplos fatores ameaçaram a centralidade do latifúndio como sistema de eito na economia maranhense, assim como os estilos de vida senhoriais e aristocráticos, sustentados pela escravidão, a saber: a queda progressiva dos preços do algodão no mercado internacional, a partir da década de 1820; a concorrência com o algodão dos Estados Unidos; o parco avanço tecnológico das plantações; a eclosão da guerra civil Balaiada (1838-1841); o encarecimento do preço de africanos em decorrência das pressões abolicionistas inglesas e sua interrupção formal em 1850; e o crescimento de setores econômicos desvinculados da exportação de base escravista, voltados à produção para subsistência e a um incipiente mercado interno. A abolição definitiva seria o ponto culminante desse lento processo de declínio.

Em contraste gritante com o Sudeste e o Sul do Brasil, o que caracteriza o pós-abolição maranhense não foi a metamorfose do senhor de escravos no grande latifundiário que submete homens livres e libertos, dependentes da grande lavoura, mas sim a expansão da pequena produção camponesa de moradores e foreiros, das terras de preto e de outras formas de uso comum dos recursos, da produção para subsistência e da manutenção da força do capital comercial-usurário no controle da rede de intermediações comerciais, sustentadas pela proteção da oligarquia política.

O declínio das grandes plantações foi acompanhado da multiplicação de pequenas unidades (roças) localizadas no interior das grandes propriedades ou na vasta extensão das terras devolutas. Provavelmente o primeiro caso predominou nas regiões de ocupação mais antigas e maior densidade populacional, como o Itapecuru, enquanto o segundo tornou-se típico em

FIG. 3. *Mapa da produção do Maranhão* (1860).[8]

toda a região da fronteira agrícola, a partir do médio Mearim. Um dos principais efeitos dos problemas enfrentados pela grande plantação no final do século XIX foi o deslocamento dos proprietários rurais do âmbito da produção direta para o da comercialização interna, apropriando-se do produto dos pequenos plantadores. Essa mudança na atuação econômica tornou-se possível devido ao controle exercido sobre as máquinas de beneficiamento primário, ao pagamento da renda terra, quando fosse o caso, e as possibilidades de efetuar um adiantamento sob a forma de instrumentos de trabalho (enxadas, pás, sementes) e gêneros de consumo (tecidos, linhas, querosene, fumo, sal). A origem do financiamento estava nas antigas relações estabelecidas entre proprietários rurais e o grande comércio de exportação e importação. Em síntese, o sistema combinava um setor de produção agrícola bastante fragmentado, uma rede de comerciantes intermediários, que concentravam a produção no âmbito do beneficiamento, e as formas exportadoras de São Luís, compradoras de grandes quantidades e responsáveis pela comercialização final. Essa configuração permaneceu durante toda a primeira metade do século XX.[9]

É interessante comparar o caso maranhense com o das outras grandes províncias escravistas do norte agrário, como a Bahia e Pernambuco. A região do chamado Recôncavo baiano, sobretudo as grandes lavouras de Maragogipe e São Francisco do Conde, além de áreas do extremo sul daquela província, como Caravelas e Vila Viçosa, notabilizaram-se pela enorme quantidade de pessoas escravizadas, que se concentraram ali até a assinatura da Lei Áurea, a despeito da crise econômica que atingiu a produção açucareira. Conforme sugere Bert J. Barickman, isso se deveu à alta oferta de africanos escravizados que caracterizou a região desde os tempos coloniais, tendo sobrevivido clandestinamente à proibição do tráfico negreiro, em 1850[10]. Por outro lado, os senhores de engenho da região puderam enfrentar a crise econômica, diversificando a produção com investimentos através do plantio de café e da indústria do fumo. O alto número de escravos também se deve à escassez de mão de obra livre, visto que esta população encontrava, na agricultura de subsistência, bem como na produção de farinha para mercados locais, alternativas mais atrativas do que o trabalho na grande lavoura, preferindo migrar para a zona de expansão do cacau, ao sul da província, ou mesmo para a capital, Salvador. Esses foram alguns dos motivos que fizeram do 13 de Maio uma data de ruptura dos padrões estabelecidos nas relações de trabalho no Recôncavo[11].

No Maranhão, a crise econômica do sistema agroexportador, capitaneado pela produção do algodão, ficou incontornável na década de 1850, quando o tráfico atlântico de africanos se tornou ilegal. Aliás, desde a primeira metade do século XIX, as rotas equatorianas dos tumbeiros com destino ao Estado sofreram intensa fiscalização inglesa[12]. Outro dado importante nessa comparação é que a população livre de negros, pardos e caboclos começou a suplantar o trabalhador escravo na própria lavoura escravista. Se no ano de 1821, dos 106.228 trabalhadores do campo maranhense, 69.534 eram escravos – aproximadamente 77% do total –, a situação praticamente se inverte no recenseamento imperial de 1872. Dos 106.899 trabalhadores contabilizados no início da década de 1870, existiam 19.960 cativos, representando apenas 22% desse grupo[13].

Paradoxalmente, o dado que em 1872 caracteriza o Maranhão no conjunto das províncias brasileiras é a combinação entre a importância demográfica da população livre e a manutenção da relevância da escravidão. Naquele ano, o Estado possuía uma população de tamanho médio para os padrões brasileiros e, em termos proporcionais, concentrava a terceira maior população cativa do país, aproximando-se assim daquelas províncias que importavam escravos do norte agrário para a rentável lavoura cafeeira, como Minas Gerais, São Paulo e Rio de Janeiro (Gráficos 1 e 2)

GRÁFICO 1. *Concentração Percentual da População Escravizada no Brasil (1872).*

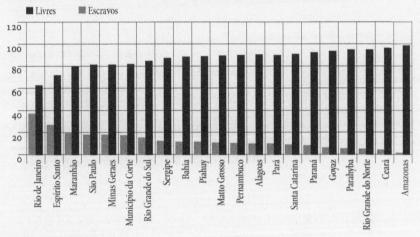

Fonte: *Recenseamento Geral do Império do Brasil (1872).*

GRÁFICO 2. *População Brasileira por Província (1872).*

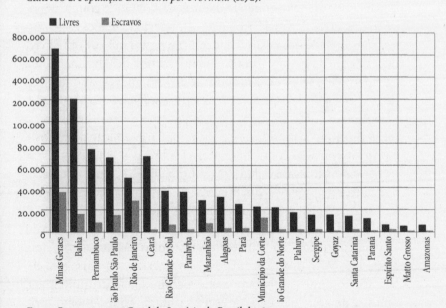

Fonte: *Recenseamento Geral do Império do Brasil de 1872.*

Esses dados apontam para a combinação explosiva entre a relevância da escravidão – sobretudo nas áreas urbanas, como São Luís, Codó, Alcântara e Caxias, onde prevaleceria uma etiqueta estamental nas relações de trabalho – e a presença de uma população livre, majoritariamente negra e mestiça, ciosa dos seus precários direitos. Já antes da abolição, tornava-se patente o conflito em torno da coerção, do disciplinamento e da manutenção do domínio sobre a mão de obra, assim como a resistência daqueles que almejavam emancipar-se da plantação escravista e dos sistemas análogos de sujeição. Como veremos na próxima seção, os usos sociais de classificações escravistas de distinção entre grupos, simbolizados através da nomenclatura das cores, como forma de subjugar uma gente majoritariamente livre, impulsionou a configuração do racismo moderno na sociedade maranhense.

Mas, por hora, vale a pena destacar que em termos da importância da população livre na grande lavoura, o caso maranhense é mais parecido com a situação vivida no estado de Pernambuco. Entretanto, como revela o estudo clássico de Peter Eisenberg sobre a Zona da Mata, *Modernização Sem Mudança*, à diferença dos maranhenses, a aristocracia senhorial pernambucana conseguiu lidar com o crescimento dos trabalhadores livres na plantação escravista de maneira gradual e controlada, contando com o monopólio das terras férteis da província, a modernização dos engenhos e a transferência dos custos da produção para a mão de obra livre, dependente da grande lavoura. As oportunidades de vida para a população livre fora do latifúndio eram limitadas pelas dificuldades da região do semiárido e pelas fortes estiagens. No Maranhão, a lavoura escravista foi marcada pela ausência de investimentos na modernização da produção – o que impediu a redução de custos – e pela ausência do controle senhorial sobre as abundantes terras férteis e devolutas do Estado[14]. Tal problema tornou a libertação dos cativos na província um processo moroso, mas não exatamente "controlado" pela aristocracia senhorial maranhense.

Os problemas da elite política e da elite senhorial com relação à administração e ao controle do território são uma evidência desse fato. Um dos aspectos que caracterizam a paisagem do Maranhão durante o século xix é a abundância de quilombos. Trata-se de uma sociedade de escravos fugidos que também abrigavam desertores e outros homens livres pobres, desejosos de escapar da dependência social e econômica das grandes plantações escravistas. De acordo com Assunção, "pode-se afirmar que no Maranhão existiram poucas fazendas escravistas sem quilombos ao seu redor"[15], pois, ao contrário do Nordeste açucareiro, a geografia maranhense era marcada por extensas matas, com muitos rios e riachos que dificultaram a interiorização da lavoura escravista e escaparam ao controle militar por parte do Estado. A geografia, em suma, favoreceu a criação de enclaves nos rincões das florestas mais próximas à cabeceira dos rios[16].

A abundância de quilombos e de outras formas de uso comum da terra no Maranhão, como as chamadas terras de santo, terras de preto e terras de índio, está ligada historicamente à crise econômica das plantações escravistas de algodão e açúcar da região. Cientistas sociais documentaram a existência de diversas comunidades negras rurais que se originaram através da ocupação de terras abandonadas por proprietários falidos, sem condições de realizar investimentos econômicos, ou ainda por meio de doações de seus antigos senhores, inclusive antes da assinatura da Lei Áurea. As terras de preto constituem um dos fenômenos mais complexos da derrocada do mundo escravista brasileiro e remontam ao surgimento de um campesinato livre, expressivamente negro e mestiço, antes da abolição.

O antropólogo Alfredo Wagner de Almeida nota que tais comunidades adotam formas coletivas de divisão da terra que privilegiam o uso comum do solo e dos recursos hídricos e florestais, assim como formas de trabalho não assentadas em mecanismos repressores. Segundo o autor, tais formas não se desenvolveram apenas em razão de necessidades produtivas, "mas sobretudo por razões políticas e de autopreservação"[17]. Conforme Almeida, "os sistemas de uso comum tornaram-se essenciais para estreitar os vínculos e forjar uma coesão capaz, de certo modo, de garantir o livre acesso à terra diante de grupos sociais mais poderosos e circunstancialmente afastados"[18].

Na cidade de Alcântara, importante centro do escravismo maranhense, o antropólogo também destaca a importância da categoria "tempo livre" na representação do pós-abolição entre os moradores de comunidades remanescentes de quilombos: a desintegração progressiva da autoridade dos senhores de escravos e de seus prepostos cede lugar a uma representação do trabalho desvinculada de qualquer forma de subordinação pelos membros das famílias de ex-escravos. Sua liberdade repousa em controlar, de maneiras diversas, o acesso aos meios de produção, os seus meios de trabalho e o tempo equilibrado entre o trabalho para si e as formas de entretenimento[19].

Os relatos das expedições militares[20] que avançaram contra essas comunidades descrevem a existência de uma economia quilombola, especializada na venda de gêneros alimentares para as vilas mais próximas, contando com engenhos de moer cana, roças de subsistência e com o garimpo do ouro para troca e comercialização, na fronteira com o Pará. Assim, os quilombos ofereciam um estilo de vida muito atraente para a parcela do campesinato negro que desejava se livrar do latifúndio, antes e depois da abolição do 13 de Maio.

Há casos muito antigos de quilombos, como a comunidade negra de Bom Sucesso, existente no município de Mata Roma, no Maranhão oriental. Segundo a memória oral, Bom Sucesso data ainda da primeira metade do século XIX, originária de terras doadas a trabalhadores escravizados pelo brigadeiro Anacleto Henriques Franco. O antropólogo Benedito Souza Filho mostra como o parentesco transforma as noções de território e herança em Bom Sucesso, que tendem a ser vistas a partir de uma ascendência comum dos membros do quilombo, associada ao passado escravizado: assim, todo negro morador de Bom Sucesso seria um herdeiro dessas terras[21].

Pesquisas antropológicas também fizeram descobertas relevantes quanto às concepções de liberdade que orientaram a formação desse campesinato negro. Na comunidade de Bom Jesus dos Pretos, onde as terras foram adquiridas na conjuntura da abolição, o antropólogo Luiz Eduardo Soares observou que, na mitologia de origem do grupo e na memória coletiva, o ato de supressão da escravatura, atribuído à princesa Isabel, é interdependente da doação das terras pelo antigo senhor. Para os pretos de Bom Jesus, "a liberdade não existe, realmente, sem o acesso franqueado à terra, sem o controle sobre o meio de produção essencial e a moradia independente, em território próprio ou livre, equivalente à autonomia da vida doméstica e familiar"[22]. O amálgama entre a conquista formal da liberdade, no 13 de Maio, e os direitos sobre a terra contrapõe-se à ideia e à memória do cativeiro.

Diante do crescimento no número de homens livres, de cor – foreiros e moradores –, a principal alternativa política sugerida aos senhores era investir na imigração estrangeira, preferencialmente a europeia, conforme propagandeavam os políticos e fazendeiros de São Paulo, Rio de Janeiro, Paraná e Rio Grande do Sul. Contudo, no início dos anos 1870, a história da imigração estrangeira no Maranhão já colecionava fracassos. Essa questão havia sido levada a sério na administração de Eduardo Olímpio Machado que, na década de 1850, instalara sete colônias na província, totalizando 887 imigrantes estrangeiros (707 portugueses; 140 açorianos e 40 chineses). Nenhuma delas perdurou até a década seguinte. Ainda assim, em 26 de julho de 1867, foi criada a Comissão Auxiliadora da Imigração e Colonização, cujos projetos não saíram do papel. Em flagrante contraste com as províncias do sul país nas últimas décadas do cativeiro, a imigração estrangeira estava desacreditada como solução econômica para a crise da lavoura escravista na província do Maranhão.

Em 25 de julho de 1877, o deputado do Partido Conservador maranhense, Augusto Olímpio Gomes de Castro, afirmava, na Assembleia Geral no Rio de Janeiro, que se era "com a colonização estrangeira que pretende o governo amparar a lavoura do norte, como filho daquelas regiões, e nesta casa o mais obscuro dos seus representantes (muitos não apoiados), agradeço-lhe o benefício, pois não a encontrará morta, mas enterrada"[23]. Para o político, um descendente de famílias escravistas e aristocráticas de Alcântara que se tornaria o chefe da agremiação conservadora em seu Estado, no pós-abolição não havia um problema de falta de braços no Maranhão, mas sim no modo de vida das "classes inferiores", no sistema de transportes e na descapitalização do latifúndio.

As condições especiais do país facilitam e protegem a inação e ociosidade das classes inferiores. A produção atual é o resultado do trabalho escravo; talvez não atinja a um terço da população livre que se entrega seriamente ao trabalho. (*Apoiados*).

A facilidade da subsistência por um lado, o atraso em que se acham as classes inferiores de outro, explicam e mantêm essa situação deplorável. Digo-o, cheio de dor, as últimas camadas do nosso povo, não tem bem distinta as noções da propriedade e da família. Devora-as a lepra do concubinato, não tem outras necessidades que não sejam as naturais e essas mesmas muito facilitadas pela ação do clima e fertilidade do solo.

É por isso que entendo que nunca serão demais os esforços empregados na instrução do povo, instrução literária e religiosa, que lhe dê exatas noções de propriedade e da família, que lhe faça sentir que o homem não trabalha somente para matar a fome, como os outros animais, mas para elevar o seu nível moral, para os filhos que procriou e deve educar para a pátria que dele levantar a maior grandeza e esplendor.

As necessidades que apoquentam e trazem os lavradores em contínuo sobressalto, são no meu humilde conceito a falta de capitais e de meios de transportes (*Muito apoiados*).

Sou de uma província, sr. presidente, com a qual foi pródiga a natureza na construção dos caminhos que andam, na frase de Pascal. Rios numerosos, de cursos paralelos, desembocam numa só baia, nas proximidades da capital, seu único mercado. Mas, pequenas cachoeiras obstruem parte do leito, e não permitem que o comércio e com ele a civilização e a abundância, penetrem os sertões, estimulando ao trabalho a população que neles vegeta ignorante e pobre. São tão caros e difíceis os transportes, que parte dos produtos da lavoura perde-se, porque ao preço do mercado excederiam os gastos da condução.

Tem feito a província o que lhe permitem seus parcos recursos; mas sem o auxílio dos poderes gerais não lhe será possível remover o mal, que lhe embaraça o progresso.[24]

O excerto é relevante porque destaca a posição periférica das elites políticas maranhenses e suas demandas frente ao Estado nacional. Conforme Evaldo Cabral de Mello, em *O Norte Agrário e o Império*, esse tipo de situação marcou toda a elite política nordestina nas últimas décadas do Império brasileiro. Do ponto de vista de Gomes de Castro, os impasses ao desenvolvimento do Maranhão seriam decorrentes da desatenção do governo central quanto à descapitalização da lavoura, somada à ausência de uma política de transportes voltada a viabilizar as trocas comerciais entre o interior, de onde saía a maior parte da produção, e a capital da província, que monopolizava o setor comercial. Fica patente a consciência senhorial de que, sem a participação do Estado imperial, não haveria como subjugar a população livre. Tal discurso possuía um foro ampliado no norte agrário. No Congresso Agrícola do Recife (1878), por exemplo, a sensação de desprestígio político frente à zona cafeeira das províncias do sul do Império e a busca de alternativas para manter o trabalhador livre nacional atrelado ao latifúndio ocuparam as preocupações dos presentes[25]. No Maranhão, esse discurso ganhava uma força ideológica particular à medida que a desagregação das grandes plantações em pequenos roçados, cultivados por homens e mulheres livres, se tornava mais visível.

Nessa perspectiva periférica em relação ao Estado nacional, os desafios da elite política e senhorial maranhense eram sentidos e explicados como fruto do "atraso" cultural das "classes inferiores". Se lidas nessa chave, as dificuldades econômicas para sustentar a plantação escravista, as possibilidades de ocupação de terras devolutas e férteis por quilombolas, caboclos, desertores e indígenas, e os parcos direitos da população livre foram apontados como razões substantivas para a chamada "decadência" do Maranhão[26]. Essa formulação, tão bem traduzida no pensamento escravista de Gomes de Castro, revela os conteúdos ideológicos que moldaram a noção de povo, a qual integrará o vocabulário da oligarquia política regional durante a Primeira República (1889-1930). Nesse contexto, o termo se refere a uma população considerada aquém do marco civilizatório europeu, sem qualquer noção de família, propriedade, entregue às necessidades animais da vida biológica do corpo e moralmente reduzida a uma espécie de estado de natureza, enfim, um povo imaginado como "mestiço", "caboclo" e "negro".

OS "PRECONCEITOS DE RAÇAS" E A ABOLIÇÃO

A construção desse tipo de imaginário racial, constitutivo da sociedade brasileira em fins do século XIX, vincula-se, nesse caso, às condições sociais da província – as dificuldades para controlar grandes populações numa região de fronteira, a relevância demográfica da população de cor livre e a posição periférica das elites locais e regionais – e às experiências negras de emancipação que marcaram o fim da escravidão naquela porção do norte agrário. Observadores importantes da vida social maranhense, como o memorialista Dunshee de Abranches e o escritor Aluísio Azevedo, notaram como o crescimento do movimento abolicionista no país, a paulatina libertação dos cativos e a intensificação do sentimento de decadência em meio à aristocracia senhorial do Maranhão implicaram no aumento da valorização simbólica da cor como critério de distinção social.

Casar com um bode (era a expressão chula com que se estigmatizava os mulatos) ou com um pardo, nome mais polido com que estes eram também designados, constituía uma desonra irreparável e perpétua. A geração ficava para sempre tisnada. Nas polêmicas jornalísticas eram fatais as alusões aos que não provinham de raça pura ou eram injustamente inquinados de haver berrado do ventre materno. [...] O catedrático de geografia do Liceu, o popularíssimo dr. Tibério, por sua cor morena carregada, era alvo de alusões ferinas de alunos irreverentes. Certo dia, no quadro negro da sua aula, escreveram em fortes caracteres: "Tibério é bode." O velho professor entrou na sala: mirou com o seu lendário *lorgnon* o dístico desrespeitoso; e sem se irritar, pegou no giz e respondeu abaixo: "Companheiro de vocês." Em seguida, do alto de sua cátedra, começou a recitar versos de famosa sátira – "A Bodarrada", comentando-os com alusões ferinas a pais e parentes dos discípulos, que desconfiara serem os autores da frase agressiva. Houve sérios protestos das famílias que se julgaram ofendidas.[27]

É muito simbólico que o professor de geografia tivesse evocado um poema do abolicionista negro Luiz Gama, "Quem Sou Eu", popularmente conhecido como "A Bodarrada" em virtude de seu último verso ("Porque tudo é bodarrada!"), para se defender do preconceito de cor. A imagem é sugestiva, quanto às conexões entre a luta pela ampliação da cidadania e a reelaboração de novas hierarquias sociais através das antigas classificações de cor. Aluísio Azevedo, no romance *O Mulato*, enfoca a relação entre a resistência tradicionalista à modernização social e política e a força do preconceito de cor na cidade de São Luís. Pode-se dizer que o enorme sucesso desse livro, que inaugura o naturalismo brasileiro, deve-se ao fato de ele ter sido transformado numa espécie de libelo intelectual a respeito da questão da cor, contribuindo para pautá-la como um problema relevante do ponto de vista nacional. Numa das cenas de maior impacto do romance, quando o rico e erudito Raimundo descobre que sua cor é a razão pela qual lhe é negado o casamento com sua amada, o narrador descreve algo que poderia ser visto como um novo processo de subjetivação racial:

Não lhe dou minha filha, porque o senhor é mulato!... Se me dissesse – é por que é pobre! Que diabo – eu trabalharia! Se me dissesse – é porque não tem uma posição social, juro-te que a conquistaria, fosse como fosse! – É porque é um infame! Um ladrão! Um miserável! – eu me comprometeria a apresentar o melhor modelo dos homens de bem! Mas um mulato!... E como hei de transformar todo meu sangue – gota por gota?[28]

Destaco no excerto a questão de fundo abordada no romance, qual seja, a importância da categorização racial. A agonia da personagem é atravessada pelo sentido mais profundo e essencialista que as classificações de cor foram adquirindo, conforme avançava o processo de emancipação no país. O uso de tais categorias vinha de longa data, mas elas passavam então a se referir a uma natureza constitutiva do sujeito, impossível de ser perdida ou conquistada na luta social, visível na pele e no comportamento dos indivíduos. Nesse sentido, Aluísio Azevedo captura, na ficção, o novo significado racial do uso nativo das cores.

Na década de 1880, constatava-se, nas principais faculdades do Império brasileiro, a hegemonia intelectual de teorias científicas que apostavam no determinismo racial e climático para explicar o estágio das sociedades na evolução humana[29]. Como era de se esperar, essa ideologia também impregnou os bacharéis e médicos maranhenses, formados pelas faculdades de Direito de Recife e de São Paulo e pelas faculdades de Medicina do Rio de Janeiro e da Bahia. Aliás, o mais famoso representante do chamado racismo científico no Brasil é o médico maranhense Raimundo Nina Rodrigues – em especial por sua obra *As Raças Humanas e a Responsabilidade Penal no Brasil*, na qual defende que mestiços e negros deveriam ser julgados por um código criminal especial, dada sua inclinação biológica ao crime[30]. Mas ele não foi o único. Também é revelador o estudo *Do Parto e Suas Consequências na Espécie Negra* [imagem 4], de autoria do doutor Justo Jansen Ferreira, oriundo de abastada família da cidade de Caxias.

O uso do termo "espécie" no título da tese indica o quão longe foi a ideia de que negros e brancos não compartilhavam da mesma humanidade. O médico maranhense, apoiado em bibliografia considerada científica, afirma que os negros são menos sensíveis à dor física, fator que seria tão mais intenso quanto menor a inteligência da pessoa[31]. As explicações disponíveis para o fenômeno consideravam que "os negros expõem desde a sua infância a sua pele aos raios ardentes do sol, adquirindo o tegumento externo uma densidade considerável, a qual explica a obtusão à sensibilidade tátil"[32]. Também havia especulações quanto à disposição anatômica diferenciada, na raça negra, das "terminações periféricas dos nervos" que, "sendo o meio pelo qual se comunicam as impressões externas ao cérebro, explica a pequena ou a menor percepção e portanto – o desenvolvimento intelectual do negro inferior ao das outras raças"[33]. Assim, velhos preconceitos sociais

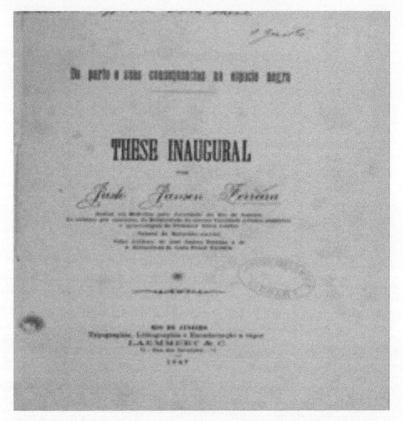

FIG. 4. *Frontispíco de* Do Parto e Suas Consequências na Espécie Negra.

e culturais ganhavam o prestígio da autoridade científica, conformando um novo fundamento à desigualdade social.

Um dos ramos mais populares da nova ciência das raças foi a antropologia criminal e, em particular, a frenologia, dedicada à investigação sobre o cérebro humano. Nesse sentido, a análise das motivações criminosas deveria incorporar o princípio científico de que "o homem deve ser estudado nos próprios elementos indissolúveis que o compõem com todas as suas qualidades físicas e psíquicas, como agente e agido no ambiente que o circunda e que é o meio em que se pode conceber vivo"[34]. Tal concepção pretendia fazer letra morta do princípio de livre-arbítrio, ao considerar que a ação humana, sobretudo a de pessoas consideradas anormais, não é determinada pela subjetividade, mas pela conexão entre a biologia dos corpos, o ambiente e fatores psíquicos. Assim, "na antropologia criminal [...] a parte anatômica é só o fundo do quadro, um apêndice da psicologia criminal que entretanto tem necessidade de uma base anatômica, sob pena de vê-la esvoaçar nas nuvens e desaparecer"[35].

A importância crescente das teorias raciais, o avultado número de pessoas livres entre os homens de cor e o mencionado sentimento de decadência da aristocracia senhorial maranhense configuraram um espaço social em que a antiga nomenclatura das cores, antes utilizada para distinguir senhores e escravos, foi mobilizada para hierarquizar negros e brancos. A aparição dessas categorias como "novos" grupos sociais resultava de uma reconfiguração da sociedade imperial em meio ao processo de emancipação.

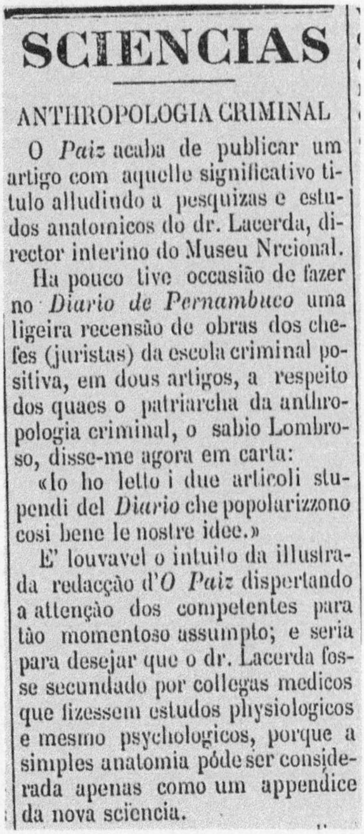

SCIENCIAS

ANTHROPOLOGIA CRIMINAL

O *Paiz* acaba de publicar um artigo com aquelle significativo titulo alludindo a pesquizas e estudos anatomicos do dr. Lacerda, director interino do Museu Nrcional.

Ha pouco tive occasião de fazer no *Diario de Pernambuco* uma ligeira recensão de obras dos chefes (juristas) da escola criminal positiva, em dous artigos, a respeito dos quaes o patriarcha da anthropologia criminal, o sabio Lombroso, disse-me agora em carta:

«Io ho letto i due articoli stupendi del *Diario* che popolarizzono cosi bene le nostre idee.»

E' louvavel o intuito da illustrada redacção d'*O Paiz* despertando a attenção dos competentes para tão momentoso assumpto; e seria para desejar que o dr. Lacerda fosse secundado por collegas medicos que fizessem estudos physiologicos e mesmo psychologicos, porque a simples anatomia póde ser considerada apenas como um appendice da nova sciencia.

FIG. 5. *O racismo científico nos jornais maranhenses.* Pacotilha, *18 de março de 1889, p. 2.*

A revalorização simbólica das categorias de cor, cujo emprego começa a se distinguir sutilmente do seu corrente uso no marco escravista de classificação social, já era visível nos anúncios de trabalho presentes em jornais de grande circulação na cidade de São Luís no primeiro semestre de 1888, precisamente nos cinco meses que antecederam a assinatura da Lei Áurea. Esses classificados continham um campo de ambivalência, suscitada pelos sentidos não unívocos de categorias como "negrinha" e "moleque" que, nos textos, se voltavam à caracterização de tipos sociais. As designações compunham o repertório de cores e nomes utilizados para classificar crianças, adolescentes e jovens sob o cativeiro. Isso é perceptível, por exemplo, num anúncio da fuga de um "moleque" (Fig. 6 – anúncio 9), pois ali a menção à cor preta aparece como forma de substancializar a posição social dessa pessoa, enquanto escrava. Mas a esse respeito, é preciso notar que, nas últimas décadas da escravidão, o campo semântico das palavras "moleque" e "negrinha" foi paulatinamente ampliado, a fim de tornar mais evidente que eles também se referiam a serviçais livres, recrutados para os trabalhos manuais

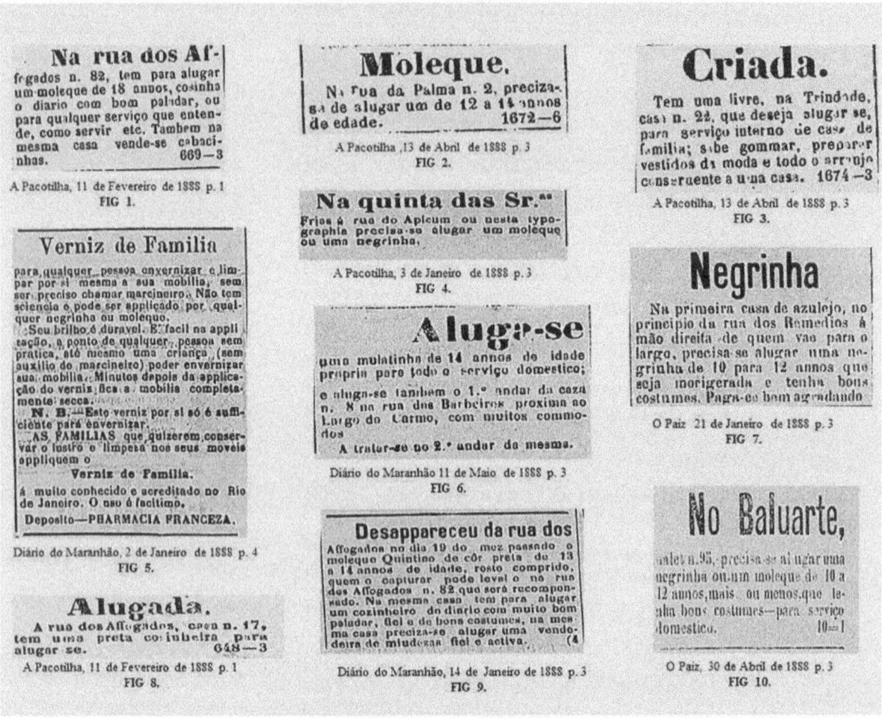

Na rua dos Affogados n. 82, tem para alugar um moleque de 18 annos, cosinha o diario com bom paladar, ou para qualquer serviço que entende, como servir etc. Tambem na mesma casa vende-se cabacinhas. 669—3

A Pacotilha, 11 de Fevereiro de 1888 p. 1
FIG 1.

Moleque.
Na rua da Palma n. 2, preciza-se de alugar um de 12 a 14 annos de edade. 1672—6

A Pacotilha ,13 de Abril de 1888 p. 3
FIG 2.

Criada.
Tem uma livre, na Trindade, casa n. 22, que deseja alugar se, para serviço interno de casa de familia; sabe gommar, preparar vestidos da moda e todo o arranjo consernente a uma casa. 1674—3

A Pacotilha, 13 de Abril de 1888 p. 3
FIG 3.

Na quinta das Sr.as Frias á rua do Apicum ou nesta typographia precisa-se alugar um moleque ou uma negrinha,

A Pacotilha, 3 de Janeiro de 1888 p. 3
FIG 4.

Verniz de Familia
para qualquer pessoa envernizar e limpar por si mesma a sua mobilia, sem ser preciso chamar marcineiro. Não tem sciencia e pode ser applicado por qualquer negrinha ou moleque.
Seu brilho é duravel. E' facil na applicação, a ponto de qualquer pessoa sem pratica, até mesmo uma criança (sem auxilio do marcineiro) poder envernizar sua mobilia. Minutos depois da applicação do verniz fica a mobilia completamente secca.
N. B.—Este verniz por si só é sufficiente para envernizar.
AS FAMILIAS que quizerem conservar o lustro e limpeza nos seus moveis appliquem o
Verniz de Familia.
á muito conhecido e acreditado no Rio de Janeiro. O uso é facilimo.
Deposito—PHARMACIA FRANCEZA.

Diário do Maranhão, 2 de Janeiro de 1888 p. 4
FIG 5.

Aluga-se
uma mulatinha de 14 annos de idade propria para todo o serviço domestico;
e aluga-se tambem o 1.° andar da caza n. 8 na rua dos Barbeiros proximo ao Largo do Carmo, com muitos commodos
A tratar-se no 2.° andar da mesma.

Diário do Maranhão 11 de Maio de 1888 p. 3
FIG 6.

Negrinha
Na primeira casa de azulejo, no principio da rua dos Remedios á mão direita de quem vae para o largo, precisa-se alugar uma negrinha de 10 para 12 annos que seja morigerada e tenha bons costumes. Paga-se bem agradando

O Paiz 21 de Janeiro de 1888 p. 3
FIG 7.

Alugada.
A rua dos Affogados, casa n. 17, tem uma preta cosinheira para alugar se. 648—3

A Pacotilha, 11 de Fevereiro de 1888 p. 1
FIG 8.

Desappareceu da rua dos Affogados no dia 19 do mez passado o moleque Quintino de côr preta de 13 a 14 annos de idade, rosto comprido, quem o capturar pode leval o na rua dos Affogados n. 82 que será recompensado. Na mesma casa tem para alugar um cozinheiro do diario com muito bom paladar, fiel e de bons costumes, na mesma casa preciza-se alugar uma vendedeira de miudezas fiel e activa. (4

Diário do Maranhão, 14 de Janeiro de 1888 p. 3
FIG 9.

No Baluarte,
chalet n. 95, precisa-se alugar uma negrinha ou um moleque de 10 a 12 annos, mais ou menos, que tenha bons costumes—para serviço domestico. 10—1

O Paiz, 30 de Abril de 1888 p. 3
FIG 10.

FIG. 6. *Anúncios de Trabalho, 1º Semestre de 1888. Recortes dos jornais* Pacotilha (*1888*), Diário do Maranhão (*1888*) *e* O Paiz (*1888*).

costumeiramente designados aos escravos (Fig. 6 – anúncios 1, 2 e 4). Na medida em que as cores ficaram subsumidas em outras categorias classificatórias, a utilização da cor, no contexto da derrocada do escravismo, alargou os limites da subjugação de grupos, ao naturalizar ainda mais as diferenças sociais e culturais.

Isso também se faz perceber quando os anúncios combinam menções à cor junto às qualidades desejáveis aos serviçais, como o fato de serem fiéis, morigerados e de bons costumes (Fig. 6 – anúncios 7, 9 e 10). Os anúncios de trabalho são fontes interessantes, pois, diferentemente dos artigos de jornais, dos escritos memorialísticos e dos romances, eles mostram a construção cultural, na vida cotidiana, de tipos sociais como "moleques", "negrinhas", "criadas", "alugadas" etc. A presença dessas descrições permite inferir como o mundo do trabalho clivou o espaço da cidadania pela via da cultura, por meio de um alargamento dos sentidos dos códigos e critérios de distinção existentes, na tentativa de atualizar a tutela senhorial. A questão se amplia, quando se tem em mente que, no fim do século XIX, mesmo abolicionistas convictos desconfiavam da personalidade do escravo, que entendiam como sendo refratária à personalidade moral do cidadão, assumindo que os escravos não saberiam fazer bom uso da liberdade. Não sem razão, o debate sobre as formas de recrutamento de trabalhadores negros no pós-abolição acentua a importância de uma dimensão ética, disciplinar e civilizatória do trabalho, como via de integração dos libertos aos valores europeus da cultura ocidental[36].

O conjunto desses anúncios fornece pistas sobre a ressignificação racial das categorias de cor e outras classificações como "criadas" e "moleques". Um anúncio como o Verniz Família (Fig. 6 – anúncio 5) expõe o caráter completamente naturalizado da relação entre cor e subalternização social, por meio da frase: "não tem sciencia e pode ser aplicado por qualquer negrinha ou moleque". Digno de nota é o anuncio "Criada" (Fig. 6 – anúncio 3), em que o estatuto social da pessoa (livre) reforça o campo imaginário da cor e seu suposto perfil cultural: "tem uma livre, na Trindade, casa n. 22 que deseja alugar-se". A menção à liberdade da trabalhadora seria desnecessária, caso o anúncio falasse da contratação de uma criada branca. Em outros casos, a menção explícita da cor pretende objetivar o "tipo social" a ser recrutado, bem como os modelos de relações de trabalho consolidadas, como no caso da "mulatinha de 14 anos", anunciada dois dias antes da abolição, e da "preta cozinheira", que se alugava em fevereiro de 1888 (Fig. 6 – anúncios 6 e 8). Esses dados indicam que a cor legitimava a permanência de uma cultura análoga à da escravidão nas relações de trabalho, conferindo, ao mesmo tempo, um novo fundamento para as hierarquias sociais. A força da cor enquanto classificação social é sua ambivalência, a capacidade de abrigar significados culturais diversos e inacabados. Nesse contexto, a valorização simbólica dessa antiga nomenclatura de grupos, progressivamente alargada para além dos usos tradicionais, como é visível nos novos significados que as teorias raciais do período conferiram às cores, está relacionada às reivindicações por novos direitos e *status* forjadas no processo de emancipação.

Com efeito, a Lei Áurea significou, para muitos negros, a possibilidade de ruptura definitiva com a etiqueta estamental da escravidão nas relações sociais de produção e na sociabilidade, bem como a superação dos estereótipos que as antigas categorias de cor reforçavam. Assim, a questão da superação dos "preconceitos de raças" foi um tema debatido no contexto da abolição. Conforme celebrou o jornal *Pacotilha*, no calor da hora:

O dogma social da igualdade perante a lei e perante a sociedade é de hoje em diante uma realidade, felizmente.

Os resquícios de classes existentes, os preconceitos de raças, e outros tantos prejuízos a que davam lugar as diferenças mantidas pela instituição servil, entre livres e escravos, tombarão esfacelados pelo nivelamento da lei de 13 de Maio![37]

O conteúdo ideológico e simbólico da abolição abrigou significados diversos, como o fim da ordem senhorial, a igualdade de todos os cidadãos perante a lei e, inclusive, a utopia da superação dos "preconceitos de raças" que estigmatizavam a enorme população de negros livres e os últimos cativos do país. Nesse sentido, é que os "preconceitos de raça" puderam ser observados sob o ângulo nativo, enquanto uma persistência de valores e atitudes do passado. A reação senhorial no imediato pós-abolição, como veremos adiante, confere enorme sentido a tais percepções. Entretanto, o fortalecimento e a persistência da cor como uma das formas dominantes de distinção e formação de grupos sociais está ligado à modernização política da sociedade brasileira, às reivindicações por liberdade e igualdade que culminaram no 13 de Maio. Essa é uma das razões que fizeram da abolição e dos meses que a sucederam um ponto de inflexão na luta social pelas fronteiras políticas e culturais da cidadania – problema acirrado no Maranhão, como vimos, pela insegurança oriunda da crise econômica.

Os jornais da capital maranhense oferecem fartos testemunhos desses conflitos. Em São Luís, ainda no dia 12 de maio de 1888, alguns indivíduos que participavam de uma passeata para celebrar a aproximação do grande dia, "abusando da hora e do motivo entenderam poder proferir toda sorte de inconveniências, praticando atos reprovados, insultando famílias […] o desrespeito chegou ao ponto de atirarem pedras, cofos em algumas casas de famílias respeitáveis nas ruas de Santana, Grande e outras, quebrando até vidraças"[38]. Os insultos e agressões investiriam na abolição como motor de uma revolução na ordem social, refletindo impulsões violentas e igualitárias de transgressão das regras de fidalguia e convívio que separavam o povo das "famílias respeitáveis", oligárquicas. O romance *Vencidos e Degenerados*, do escritor negro maranhense Nascimento Moraes, remonta a alguns conflitos do 13 de Maio:

> Momentos depois de proclamada a Lei, começou a divulgar-se a notícia de que uma escrava, ao passar pela rua dos Afogados, dera uma bofetada numa senhora que estava à janela. Esta senhora passara por amarga decepção: viu saírem, portas afora, sem um adeus, desvairados, pela comoção da notícia, todos os seus escravos. Diziam os que a conheciam, que era uma mulher má, sedenta de cruéis castigos, e que se apontava, distinta, pela impiedade de sua cólera, pelo arrebatamento do gênio irascível e impensadas ações.
> Provocaram fortes gargalhadas e pilhérias picantes os inesperados cômicos que se deram: cozinheiras que abandonaram os patrões, sem lhes apresentar o jantar; outras que faziam compras e que se foram com dinheiro e balde. E em muitas casas se passaram cenas deprimentes e tristes: escravos dando expansão à raiva e o ódio cometeram desatinos de toda espécie, quebrando móveis e louças, e mais objetos que se lhes deparavam, e deixavam, a blasfemar, o teto onde tão desgraçados dias viveram, atirando ferinos e brutos impropérios que se iam quebrar, como garrafas e vidros, nas rótulas das janelas, nas portas, e na alma aniquilada dos infelizes ricaços de ontem, que se viram em grande parte, pobres de um dia para outro.
> Não obstante, alguns senhores não ficaram completamente abandonados porque não eram maus. Ao abrirem as portas, ao franquearem a saída aos de há pouco escravos, ofereceram abrigo aos que quisessem continuar na sua companhia. Muitos aceitaram os convites, na maioria os velhos, já inválidos para uma existência laboriosa, e moças que eram crias de muita estima e algum conforto, em geral filhos de escravas com senhores moços.[39]

O excerto do romance não é visto aqui como prova documental ou descritiva, mas por sua qualidade de exagerar, ficcionalmente, o conflito de expectativas geradas com o fim da escravidão. Muitos dos "novos cidadãos", termo com que os jornais designaram os libertos, acreditaram na abolição como uma grande ruptura histórica. E não só eles. Em suas memórias, Dunshee de Abranches narra que um parente próximo ao poderoso conselheiro Vieira da Silva caiu morto assim que recebeu a notícia. "Uma velha senhora de engenho, tronco de ilustres políticos conservadores, tentou suicidar-se, ingerindo ervas venenosas."[40] Por outro lado, alguns senhores não pouparam o uso do chicote para demonstrar que sua autoridade moral ainda estava de pé, a despeito da abolição. Na vila Rosário, em 15 de maio de 1888, uma mulher foi surrada por se negar ao trabalho.

Ontem o Dr. Mello Rocha mandou surrar a ex-escravizada de nome Maria Urçula. […] Às cinco horas da tarde procedeu-se o copo de delito, encontrando-se na ofendida sinais de escoriações, que foram julgados leves! Fez-se auto de perguntas e a ofendida declarou ter sido surrada a mandado do Dr. Mello Rocha, porque não pode ir trabalhar por estar doente. O mesmo Dr. Mello Rocha declarou em um auto assinado por ele, delegado e promotor público, que tinha surrado a sua escrava de nome Maria Urçula, pois não conhecia lei alguma que o impedisse de tal fazer.[41]

Se o senhor parece ter se safado, afirmando que desconhecia a lei que libertou seus escravos, sua alegação é contestada pela historiadora Regina Helena Faria, que observa que a denúncia procedeu de vizinhos e que Rosário era suficientemente próxima da capital maranhense para receber a notícia[42]. Também pesou para a anulação do processo o fato de Maria Urçula haver deposto a favor do ex-senhor, afirmando que seus sofrimentos foram poucos e que costumava ser bem tratada por Mello Rocha. O depoimento sugere intimidação e/ou falta de perspectiva para a liberta, caso rompesse com a tutela senhorial.

Na cidade de São Luís, foram noticiadas denúncias de que alguns senhores insistiam na escravidão, valendo-se de brechas legais para alegar que a Lei Áurea não revogava a obrigação de cumprimento das prestações de serviços pelos adolescentes e crianças alforriadas por efeito da Lei do Ventre Livre (ou Lei Rio Branco), assinada em 28 de setembro de 1871. Argumentavam que as crianças nascidas de ventre livre, as chamadas "ingênuas", deveriam permanecer sob o controle dos ex-senhores de sua mãe até os 21 anos.

Um ingênuo que tinha sido dado de aluguel pelo ex-senhor ou ex-senhora de sua mãe, a quem pertenciam seus serviços até a idade de 21 anos, pela lei Rio Branco, querendo retirar-se da casa em que se achava para alugar-se noutra, em que os salários lhe pertencessem, foi coagido por um empregado da companhia de aprendizes marinheiros a voltar para a casa em que *sua senhora* ou *seu senhor* o alugara, em seu exclusivo interesse, sob pena de assentar praça naquela companhia, para onde iria irremissivelmente, se ousasse de novo ter procedimento igual ao que tivera.
É o cúmulo da sordidez.
Informa-se-nos também que foram desligados de uma liberta os filhos ingênuos que com ela viviam, e todos os menores de oitos anos, porque ela entendeu, e entendeu bem, que não devia continuar a prestar serviços a quem a libertara com essa condição.

Diz-se-nos que três filhos desta infeliz, menores de sete anos, foram remetidos para Guimarães, ficando um, o mais velho, em casa do manumissor de sua mãe, que clama ter o direito de gozar os serviços dele até completar 21 anos.[43]

O não cumprimento da lei deixava no ar o fantasma da reescravização. A lógica paternalista da manumissão protelou a emancipação e restringiu a cidadania daqueles libertos, que não eram considerados plenamente livres. As crianças e adolescentes recém libertadas eram particularmente intimidadas pelas ameaças de ingresso na violenta Companhia de Marinheiros Aprendizes do Maranhão, famosa pelos severos castigos e torturas. "Ainda ontem um empregado daquela companhia fez com que um ingênuo voltasse para o domínio da sua senhora – intimando-o de que mandar-lhe-ia sentar praça."[44]

O Club Artístico Abolicionista Maranhense também denunciou a execução de prisões arbitrárias, como a da ex-escrava Candida, antes pertencente à sra. d. Maria José Franco Mattos, que fora detida sob a acusação de causar distúrbios motivados pelo vício da embriaguez, nos festejos de 16 de maio. O encarceramento teria sido realizado por um "agente da autoridade muito acostumado ao embarque com o aparato de escolta, cordas e ferros, como se deu com Esmeralda, Paulino, Jordão e tantos outros, de que a capital foi testemunha nos tempos idos dos srs. cajurubebas"[45]. Nesse mesmo dia vieram a público denúncias de reescravização na capital: "consta-nos também que filantropos há que, não sabemos com que direito, ou com que título, conservam reclusos, debaixo de sete chaves, como se costuma dizer, libertos pela lei de 13 de Maio. Dizem-nos que esta gentileza se dá lá pelas bandas do Caminho Grande"[46].

Muito da força e persistência dos valores e práticas escravistas na sociedade maranhense se devem aos pequenos proprietários urbanos. Era gente que não havia sido esposada pelas grandes fortunas e/ou pelo prestígio político do baronato local, mas estava ávida por distinção social, numa sociedade fortemente regrada por critérios estamentais, como testemunham seus grandes sobrados coloniais, igrejas e azulejos. No romance *Vencidos e Degenerados*, Nascimento Moraes realizou uma das observações mais notáveis sobre a capilaridade do escravismo na rede urbana e as reações ao fim do cativeiro, na capital do Maranhão:

identidade racial[50]. Assim, um enquadramento que legitimava a persistência da cultura da escravidão nas relações sociais e da violência física e simbólica contra pessoas consideradas inferiores do ponto de vista cultural e biológico, pessoas vistas como focos de tensão e desequilíbrio social, marcou a formação de uma cidadania negra, de segunda classe, no Brasil.

No debate maranhense sobre a crise econômica das grandes plantações depois do 13 de Maio, essa questão aparece em cores vivas. Embora as situações narradas ocorressem em diversos lugares da província, é nos jornais da capital que elas recebem o tratamento de um problema político mais abrangente. A seguir, analiso missivas e artigos, boa parte dos quais foram escritos a pedido da Associação Comercial do Maranhão. Sediada em São Luís, tal entidade estimulou políticos e fazendeiros a apresentarem, nos jornais, suas visões sobre a crise econômica do Estado.

Um dos aspectos centrais desse debate é a insistência no argumento de que, sem a ação repressiva do Estado, não seria possível controlar os libertos e outros negros. É o que demonstra uma carta enviada ao *Diário do Maranhão*:

> deve logo ser decretada a criação das colônias penitenciárias agrícolas municipais (1, 2 ou mais em cada município, conforme sua população) às quais devem ser recolhidos todos os que não forem proprietários, rendeiros, empregados dos estabelecimentos agrícolas, criadores, vaqueiros e não tiverem ofício ou profissão que lhes permita viver honestamente. (Nesta classificação me refiro aos habitantes do campo.) Serão considerados lavradores os que tiverem uma posse de terra suficiente para manter qualquer lavoura regularmente montada; criadores – de gado *vaccum* ou cavalar – os que possuíram mais de 50 cabeças – de qualquer outra espécie – os que provarem com recibo de estação fiscal que pagam imposto de 100 cabeças anualmente.
>
> Serão igualmente recolhidos a estas colônias todos os que deixarem de pagar a imposição por não frequência dos filhos à escola, e também todos os que forem condenados por pequenos delitos, depois de cumprirem as respectivas sentenças, ficando sem direito ao pecúlio aqueles cujo crime tiver sido furto ou roubo.
>
> Cada uma destas colônias poderá conter até 400 adultos de ambos os sexos […][51].

Um Estado movido pelo trabalho compulsório de milhares de pessoas concentradas em campos militarizados foi uma das esperanças da elite maranhense para enfrentar a "decadência".

Mais que os ricos, sofreram, porém, os pobres que tinham escravos. Os pobres presumidos. Faziam economias, com prejuízo da alimentação, e ostentavam pequeno cabedal de negros. Os escravos dos pobres sofriam as mais ridículas e apalhaçadas vexações porque o espírito pequenino dos seus senhores se deliciava em os ocupar a todo instante com as coisas mais insignificantes, bagatelas, que, à vista da falta de meios, neles patentes, tomavam aspectos bem deslavados e grotescos. Pertencer à primeira sociedade era possuir, pelo menos, duas ou três cabeças de negros. Imagina-se facilmente o desconsolo em que ficaram esses pequenos proprietários, quando se viram, num minuto, abandonados pelos escravos que tinham comprado a custa de mil sacrifícios e inúmeras necessidades, aqueles servidores que trabalhavam diariamente à chuva e ao sol expostos, e que lhes garantiam com o produto das energias gastas o pão de cada dia.[47]

Não nos importa aqui o realismo da descrição, mas a ênfase bastante verossímil num tradicionalismo entre os não fidalgos dos setores medianos e baixos da sociedade e na importância da humilhação como estratégia de exibição pública do *status*. Ao tradicionalismo das pequenas famílias sem linhagem nobre, das beatas e padres, dos pequenos comerciantes e caixeiros portugueses, dos alugadores e contratantes de "moleques", "negrinhas", "criadas mulatinhas" e "pretas" lavadeiras e cozinheiras, também se deve parte substancial da clivagem racial dos direitos conquistados por meio da abolição.

O medo do retorno à escravidão, ou de condições análogas e sujeição, regulou o estilo de vida organizado pelos libertos no imediato pós-abolição. Assim, em setembro de 1889, Juliana denunciou o ex-proprietário, Joaquim Pinto Saldanha, por manter sua filha Febronia e mais cinco de seus netos em situação de cativeiro. Conforme o depoimento, "Febronia identifica-se como roceira, morando em um sítio da fazenda Lençóis, onde se ocupa de 'serviços de roça' e 'trabalha para si'. Diz que 'tem servido' seu senhor [...] mas que ele a paga quando a ocupa e que era muito bem tratada quando escrava"[48]. A despeito da intenção de denúncia de Juliana, tais argumentos levaram à anulação do processo.

A memória oral dos negros maranhenses registra a longevidade da cultura da escravidão nas relações de trabalho, inclusive durante o século xx. O conjunto de depoimentos colhidos em 1982 pelo pesquisador Matthias Röhrig Assunção, na porção oriental do Maranhão – uma região historicamente marcada pela conflagração da Balaiada (1838-1841) – é uma amostra de como as práticas escravistas ultrapassaram em muito o marco legal estabelecido pelo 13 de Maio. Para citar um exemplo, o relato de dona Raquel, natural de Magalhães de Almeida, comenta o trabalho exaustivo por tarefa – tipo de serviço que era fonte de graves prejuízos à saúde, que começava de dia e podia varar a noite, com direito a surras:

> Eu não alcancei o cativeiro não, mas trabalhava de tarefa. Aí tem muita colega... uma morreu outro dia, mãe desse meu genro aqui, morreu ceguinha. E esta velha que morreu, Ave Maria! gritava: 'Me acude, minha gente! Minha cabeça quer rachar.' Os olhos dela aquele poço de sangue... As senhoras, aquelas danadas! A gente apanhava... Dava de palmatória. Mas a gente quebrava os bilro, não fazia renda, quebrava os bilro. Mas graças a Deus não tenho as mãos aleijadas. Sou limpa graça a Deus.[49]

Os casos de manutenção de ingênuos cativos e/ou tutelados nas cidades; a manutenção de regras estamentais de conduta frente a trabalhadores "alugados" no serviço doméstico e no comércio; a importância dos estereótipos associados aos negros; e a insistência nos regimes de trabalho compulsório no campo revelam o quão flexíveis eram as fronteiras entre escravidão e liberdade, na vida prática. Mais do que isso, esses dados apontam para o fato de que, no pós-abolição, a classificação racial operava, transformando práticas associadas ao cativeiro em trabalho para negros e impedindo o pleno reconhecimento social da liberdade conquistada no 13 de Maio.

"NADA OS SATISFAZ":
O "LIBERTO" COMO PROBLEMA SOCIAL

A invenção do "liberto" como um problema social é outra evidência da complexa relação entre raça e emancipação no pós-abolição. O senso comum, forjado no período, de que os negros, nascidos livres ou não, podiam ser nominados e tratados indiscriminadamente como libertos, obrigados por relação de dependência ou gratidão junto àqueles que supostamente os haviam emancipado – os brancos –, fazia do estigma do cativeiro uma das marcas da

Na verdade, a ideia já havia sido posta em prática na província, como forma de absorver os migrantes cearenses fugidos da grande seca de 1878. Essas pessoas foram arregimentadas em colônias militares, instaladas em terras devolutas ou territórios quilombolas confiscados. Mas, nesse caso, apesar dos constantes abusos dos militares, a orientação oficial era que esses núcleos se dedicassem à pequena produção independente. No pós-abolição, a Associação Comercial propunha readequar o experimento ao contexto do fim da escravidão. Note-se que, conforme a carta, era possível que um indivíduo que houvesse estado alguma vez na prisão por pequenos delitos jamais fosse reintegrado à sociedade, passando do cárcere diretamente à penitenciária agrícola, sem direito a receber qualquer pecúlio por seu trabalho.

O desejo de re-aprisionar os libertos através do Estado revela a descrença de alguns ex-senhores na possibilidade de disciplinar os trabalhadores através de formas de trabalho não compulsório, dada a enorme quantidade de terras férteis fora do controle do Estado e a resistência ao trabalho subordinado, depois da abolição. Mais que um sentimento, o tema "medo" dos libertos nesses escritos é um argumento político com vistas a assegurar interesses materiais e ideais da antiga aristocracia da terra. O problema do "mau uso da liberdade" e do despreparo cultural dos libertos para a cidadania foi mobilizado nesse tipo de argumento, sob a justificativa de que o Maranhão, diferentemente das províncias do sul agrário que haviam sido bafejadas pela imigração europeia, estaria sendo obrigado à "substituição do trabalho escravo pelo livre com os próprios elementos da província"[52]. Esse foi o tema de uma missiva enviada pela Associação Comercial ao *Diário do Maranhão*, por um proprietário de São Vicente Ferrer:

Analfabeta e sem a menor educação, sem hábito de trabalho, viciosa e malfeitora, (a população livre do campo) pode ser considerada – verdadeiramente selvagem.
 Não tem habitação regular, contentando em ter por abrigo uma latada de pindoba na qual não se encontra um único móvel nem utensílio algum; na maior parte destas habitações não se encontra sequer um caldeirão, sendo a comida assada sobre brasas; dormem em miaçabas ou em jiraus de talos de pindoba; não plantam uma árvore frutífera, não criam ao menos galinhas e nada produzem quer em trabalhos de roça, quer em outro qualquer ramo.

A maior parte desta população nada produz absolutamente, e os poucos que são considerados trabalhadores, porque fazem uma pequena roça, não produzem anualmente o valor de 20$000 por família de 4, 5 ou mais pessoas aptas para o trabalho. A colheita anual dessas famílias varia de 2 à 6 arrobas de algodão em caroço; e é tudo quanto fazem! Com estes hábitos e costumes, não tendo nada que os prenda ao lugar, vivem em contínuas mudanças, o que fazem sem custo algum porque nada tem a transportar senão a própria pessoa. É tão grande a indolência que em tempo algum se encontra um alqueire de arroz, farinha, milho, feijão, carrapato [mamona] etc., ainda mesmo em lugar de população crescida.

Ordinariamente agrupam-se em roda das fazendas dos proprietários e tornam-se o maior flagelo furtando e destruindo os frutos nas roças e até as galinhas nos quintais, e, se os donos se opõem, tomam desforços de toda a natureza, indo até lançar fogo nos canaviais.[53]

O fim da escravidão, o abalo dos padrões culturais de autoridade típicos do cativeiro e a enorme importância econômica dos roceiros livres são descritas e sentidas como a redução do Maranhão a um estado selvagem. Observe-se que, na imaginação econômica senhorial, toda atividade realizada fora dos marcos da grande propriedade não é qualificada como trabalho produtivo, daí a afirmação de que "o nosso homem livre é uma entidade que não existe economicamente falando"[54]. Entretanto, se aquela gente livre ameaçava os proprietários, era justamente pelo contrário: a emancipação autonomizou a pequena produção, impulsionando o crescimento de roças em terras devolutas, tanto para a própria subsistência, quanto para o comércio – e, nesse sentido, não surpreende a preocupação da Associação Comercial em desmerecer a produção de algodão, por parte dos libertos e da gente comum livre. Por outro lado, a menção aos "furtos" e "roubos" de frutos de frutos e animais, a ausência de caldeirão e outros utensílios nos precários abrigos de madeira, onde viviam temporariamente as pessoas em trânsito, sugere que as migrações constantes, a insegurança e as perseguições marcaram a experiência negra no pós-abolição.

A mobilização de estereótipos que sugeririam uma inconstância desses trabalhadores – como a vadiagem, as volições criminosas, o modo de vida, o tipo de alimentação e a improdutividade – constitui a reação tradicionalista à desorganização da produção e ao estremecimento da etiqueta senhorial, insinuando a resistência dos ex-senhores frente à necessidade de negociar novas condições de trabalho, no momento em que a desagregação da grande lavoura escravista era inevitável. Entre os "maus hábitos" do trabalhador livre, estava o fato de que essas pessoas se consideravam portadoras de direitos: "exigem logo o adiantamento dos jornais, alegando que precisam comprar uma calça ou camisa; os que obtêm o abono nunca mais aparecem para o não pagar e os que não obtêm tomam este pretexto para não ir ao trabalho, porque *não podem ir sem roupa para fora de casa*"[55]. Tudo é descrito como se a violência do estado ou a violência pessoal fosse um componente necessário para a integração social dos libertos ao novo *status* de cidadãos.

Os proprietários que optaram, por meios dissuasórios e costumeiros, manter os libertos em suas fazendas, mobilizaram o mesmo esquema de percepção social, marcadamente escravista, em suas relações com os trabalhadores negros. No dia 30 de maio de 1888, o proprietário Carlos Theodoro Gonçalves, residente na comarca de Pindaré, compartilhou, nas páginas de *O Paiz*, as medidas que implantara para manter os antigos escravos trabalhando na lavoura de cana, sob seu comando, além de outros planos. A nova organização do trabalho em sua fazenda partia do princípio de que "a indústria agrícola não pode manter-se pagando salário – quando se estorce oprimida por passivos extraordinários e a agonia entre juros galopantes"[56]. Outro expediente que tornava o pagamento de salários nada recomendável, a seu ver, era que "a educação do escravo entre nós torna-o refratário ao estímulo e o fato de se achar liberto, e vencendo o salário, não são ainda incentivos suficientes para que se esforcem e se empreguem meios de fazer produzir o necessário para o custeio"[57]. Numa frase: o pagamento de salários, além de prejuízo econômico ao fazendeiro, em nada dignificaria essa qualidade inferior, não educada, de trabalhador.

O senhor Theodoro Gonçalves também condenava o contrato por parcerias, no qual o proprietário obtém dividendos a partir do arrendamento da terra, visto que "esperar que os libertos entre si se associem é uma esperança perigosa, infeliz. [...] sem que um centro os dirija, e que respeitem e confiem, nada deles se pode e deve esperar – senão crimes e ociosidade"[58]. Para amealhar o respeito e confiança dos seus antigos escravos, o fazendeiro "achou oportuno [...] libertá-los desde logo – sem condição alguma", atitude que recomendava aos colegas de classe, visando firmar, em 1º de janeiro de 1889, uma sociedade com todos os libertos que preferissem ficar em sua companhia, pois "o direito de escolha é agradável ao liberto e dele resulta que raros são os que preferem abandonar os seus cômodos e abrigo à incerteza de uma novidade cujos resultados não podem garantir"[59]. Assim, libertar os escravos, desde logo ou não, além de estabelecer condições de manter as antigas relações de trabalho, foi uma prerrogativa senhorial que alimentou, entre os libertos, o medo da reescravização.

De Pindaré veio a público, na edição do dia 2 de junho de 1888 de *O Paiz*, a colaboração do senhor P.J., argumentando que as ilusões de que os libertos permaneceriam espontaneamente nas fazendas haviam durado pouco. "O teatro do seu cativeiro afigura-se-lhe um inferno, quer deixá-lo; a sua liberdade não é completa porque não gozou quanto deseja, e por isso a ideia do trabalho por enquanto o horroriza. A desconfiança o persegue, e ele vê no ex-senhor o seu verdugo de ontem e o seu traidor de amanhã."[60] A memória da violência na escravidão, a vontade de gozar a vida e, sobretudo, a desconfiança de que o ex-senhor transformaria muito pouco as práticas de exploração do trabalho seriam motivos de sobra para que, nessa primeira hora, os libertos tivessem verdadeiro horror a permanecer nas propriedades onde haviam sido cativos. "A ideia do liberto não é garantir sua subsistência, é principalmente isolar-se, viver sobre e para si, dormir e gozar quando entender, sem ter que dar contas, o que não sucede se for associado ou se contrair compromissos com quem quer que seja."[61] Nesse sentido, embora o autor também considere o salário o meio mais oneroso de recompensar o trabalhador, "deve ser este o meio único de operar a substituição do trabalho na província, sofrendo-se, embora, alguns prejuízos"[62].

Além do salário, cujo valor justo calculou em torno de 300 reis diários, mais a comida, P.J. recomendava expressamente aos donos de terras que não coagissem os libertos a permanecer nas fazendas, considerando mais vantajoso estabelecer contratos com trabalhadores de origens diversas, se possível, de outras comarcas. Também deveria ser expressamente proibido permitir que as terras fossem invadidas, habitadas ou roçadas por libertos que não fossem assalariados do próprio estabelecimento. Para o fazendeiro, quanto menos laços sociais os libertos tivessem entre si, maior seria a autoridade do proprietário sobre eles.

O notável interesse de alguns ex-senhores por decifrar o significado da liberdade para seus trabalhadores, como indicam as preleções acima sobre o direito de escolha e a ideia do liberto, revela que o 13 de Maio se transformara num aporte político importante para que os egressos do cativeiro pudessem fazer de suas expectativas de emancipação individual e coletiva um componente ideológico de peso na organização de sua própria vida. Fato é que, se levarmos a sério as queixas dos latifundiários, a abolição definitiva da escravidão os pressionava para que os arranjos possíveis no mundo do trabalho e da sociabilidade estivessem em conformidade com os novos tempos:

Nada os satisfaz, nem há conselho e admoestações que lhes aproveite. Não respeitam nem sustentam os contratos que fazem com os proprietários e todos os dias os alteram. Recusaram as ofertas que a maior parte dos fazendeiros lhes fizeram da participação a meio nas colheitas inclusive a pendente: recusam aforamentos de terra que se lhes propõe, e nunca dizem o que querem, contentando-se em responder *nós não queremos* a tudo quanto se lhes propõe. Muitas vezes amanhecem as fazendas desertas e só depois de 3 a 4 dias é que começam a chegar dos passeios, sempre ébrios, a um a um. Voga entre os libertos que *a rainha os libertou, não é para se sujeitarem mais*, e, como as palavras exprimem o pensamento, deve-se concluir que estão no propósito de não mais se dedicar ao trabalho. De sua parte dizem os livres que *agora como precisamos deles para recolher nossas colheitas havemos de lhes pagar salários dobrados se quisermos o seu trabalho*. Que desgraça! Estamos inteiramente perdidos!!![63]

O trecho acima pertence a um abaixo-assinado enviado à Sociedade Auxiliadora da Lavoura e da Indústria, composto por 260 assinaturas de latifundiários maranhenses ligados aos dois partidos políticos do Império – uma subscrição "sem distinção de cor política", liberal e conservadora, como frisa o fim do documento. Para esse grupo representativo de autoproclamados "desgraçados" e "perdidos", seus infortúnios se confundiam com a margem possível de recusa e negociação das relações de trabalho com seus ex-escravos, estimulados por suas próprias "visões da liberdade", para empregar o termo proposto por Sidney Chalhoub[64]. Note-se que parece ser de praxe não oferecer salários aos ex-escravos: quando o abaixo-assinado se refere a eles, cita apenas o insulto da recusa aos aforamentos de terra e a paga por recolha da meia na colheita. Por sua parte, o desaforo dos trabalhadores livres, provavelmente roceiros, jornaleiros e peões, tradicionalmente alugados para a colheita, era a exigência de salários dobrados.

Um trecho emblemático do documento é quando os fazendeiros tentam explicar as razões políticas que movem a insubordinação dos ex-escravos: "Voga entre os libertos que *a rainha os libertou, não é para se sujeitarem mais*, e, como as palavras exprimem o pensamento, deve-se concluir que estão no propósito de não mais se dedicar ao trabalho."[65] Mais uma vez, quero destacar a naturalização do conceito de trabalho, entendido aí exclusivamente na forma da grande lavoura, bem como a centralidade da sujeição como categoria nativa de entendimento[66]. O termo servia como sinônimo para escravidão, mas se manteve corrente no pós-abolição, pois caracteriza mais propriamente a relação de dependência do que o confinamento forçado da mão de obra, tradicionalmente descrito na memória oral dos negros maranhenses como "cativeiro"[67]. A sujeição é um padrão de relações sociais ligadas à experiência da escravidão, implicando na não diferenciação entre o tempo do trabalho e do lazer, na obediência inconteste ao senhor, na legitimidade do uso violência a mando do senhor como forma de castigo no trabalho, no não recebimento de salários, na disponibilidade permanente para o patrão e na dependência econômica da grande lavoura. Enfim, o termo "sujeição" envolve muito daquilo que materializava o cativeiro, do ponto de vista dos negros.

Se acreditarmos nos argumentos apresentados na petição dos fazendeiros, um dos elementos mais interessantes que ela sugere é a relação dos libertos com a princesa Isabel. A figura de uma verdadeira rainha surge como representação dos recentes direitos conquistados, como instância de autoridade capaz de questionar os arbítrios do paternalismo senhorial e as práticas cotidianas assemelhadas ao cativeiro. Aliás, esse reconhecimento da presença amorfa e mal comunicada do cativeiro na etiqueta e na violência das relações sociais pode ser entrevista em alguns silêncios e recusas: "nunca dizem o que querem, contentando-se em responder *nós não queremos* a tudo quanto se lhes propõe"[68].

O "não quero" dos libertos, buscando maximizar suas alternativas de autonomia pessoal e coletiva nos campos e nas cidades e assim fazer valer as conquistas recentes do 13 de Maio, estimulou, entre as elites, o surgimento de um conjunto de representações raciais sobre esses indivíduos como inconstantes, ingratos, preguiçosos, e, não raro, criminosos. Um aporte simbólico para invenção de um "problema negro"[69] no pós-abolição.

Nestas últimas linhas deste capítulo, vale enfatizar que muito do esforço em caracterizar algumas singularidades do caso maranhense nas páginas anteriores, teve o objetivo de persuadir o leitor para o fato de que qualquer interpretação sobre a construção social da raça como uma das formas dominantes de categorização e fabricação de grupos no Brasil precisa levar em conta as especificidades regionais. Do contrário, corre-se o risco de generalizar aquelas histórias locais, que referenciadas nos principais centros políticos, econômicos e culturais do país foram eleitas e simbolizadas, pelo senso comum douto, como "nacionais".

Na região estudada, a existência de uma enorme população livre de pessoas nominadas como "caboclos", "pretos", "pardos", "mulatos", "cafuzos", desde meados do século XIX, tornou cada vez mais importante a mobilização da etiqueta social e simbólica da escravidão, em especial da velha nomenclatura das cores, para subjugar e controlar homens e mulheres que viviam fora do cativeiro. O uso dessas categorizações de grupo contra negros e mestiços livres alterou e ampliou os significados culturais da cor, intensificando a racialização dos critérios de distinção social na sociedade maranhense. A crise do sistema agroexportador do algodão, do arroz e da cana, a propalada inviabilidade da imigração europeia bem como a posição periférica ocupada pela elite maranhense no Estado nacional acirraram ainda mais esse processo e evidenciaram a debilidade do controle senhorial para regular inteiramente a formação dos "novos" grupos sociais no pós-abolição, seja no campo ou na cidade. A invenção "liberto" como um problema social condensava valores e atitudes que insistiam no passado, bem como davam lugar a um novo campo simbólico de legitimidade para a dominação racial.

Por outro lado, as particularidades da região permitem observar um elemento estrutural da configuração do racismo moderno no Brasil: a proeminência da cultura e da política – isto é, um conjunto de tensões cotidianas em torno de disputas por status e direitos, aliado à concentração do poder político oligárquico – enquanto fator a orientar o estabelecimento das fronteiras raciais no espaço da cidadania.

3. A Liberdade dos Brancos

> Delenda Cartago! *Vossos feitos o proclamam, vossas guardas-negras o proclamam. Se diria que entramos nas trevas justamente depois que d. Isabel, qual homérea rododátila, abrira as portas da aurora republicana. É que entre os lúcidos umbrais ainda lá está o negrume da Monarquia, do trono sustentado por guardas-negras, a refletir mais escravidão e qual se fora uma negra a guardar...*
>
> Sousândrade, Scentelhas, O Novo Brazil,
> 23 jan. 1889.

> *Fui conservador até o dia 13 de maio do ano passado, quando libertaram os escravos. Logo que deu-se este grande passo para a liberdade, entendi que os brancos não podiam ser mais escravos da Monarquia.*
>
> Joaquim Castro, "Dr. Paula Duarte", O Globo,
> 18 dez. 1889.

> *Há no Brasil duas grandes datas, que se aproximam, que se completam, – porque uma foi a consequência necessária da outra. Essas duas grandes datas são o 13 de Maio e o 15 de Novembro; a liberdade dos escravos e a liberdade dos brancos; a redenção da raça negra pela destruição da Bastilha escravocrata; a destruição da Bastilha monárquica para a formação de uma pátria nova e livre, grande e imorredoura.*
>
> Anônimo, Pacotilha,
> 13 maio 1893.

Um dos aspectos mais surpreendentes dos momentos finais do Império brasileiro – situados, precisamente, no interregno entre a assinatura da Lei Áurea, em 13 de maio de 1888, e a proclamação da República, em 15 de novembro de 1889 –, é que a linguagem da raça penetrou na esfera da política. O problema causa certa espécie porque a longa permanência da escravidão no país, sua sobrevida após a crise e derrocada dessa instituição em todo o Ocidente, relaciona-se ao fato de a fundamentação jurídica do cativeiro no Brasil não repousar sobre uma linha de cor. A despeito dos preconceitos embutidos na linhagem e nobreza de sangue herdados do período colonial, a existência de uma camada não desprezível de mulatos e pardos livres (legalmente habilitados a se tornarem proprietários de escravos, funcionários públicos e, em alguns casos, políticos de revelo durante o período monárquico) era peça fundamental da legitimidade social e política do escravismo brasileiro, assim como para a divisão e o controle social da população negra[1]. Situação que abafou a emergência de critérios raciais explícitos para regular o exercício da cidadania[2].

O processo de emancipação abalou esse velho equilíbrio que controlava o conflito social, insistindo na divisão fundamental entre cidadãos e escravos, de modo a sobrepujar a expressão pública dos ressentimentos entre negros e brancos. Assim a conjuntura do imediato pós-abolição, momento em que a hierarquia da sociedade imperial se desfigurou sem que estivessem plenamente decididos os novos critérios legítimos de distinção social capazes de assegurar a manutenção dos privilégios herdados, foi um campo fértil para a mobilização de categorias raciais. O crescimento do Partido Republicano no país, a reivindicação de uma indenização pelos senhores de escravos e o surgimento de um movimento social autointitulado Guarda Negra implicaram na mobilização das classificações de cor, com novas finalidades. Não se tratava somente de nomear posições sociais e classificar grupos, como vimos no capítulo anterior, mas também de dar sentido a formas de mobilização civil e reivindicações políticas no espaço público. A concepção de que a república encarnava a "liberdade dos brancos", e as manifestações públicas daqueles que foram nomeados "homens de cor", "cidadãos do 13 de Maio" e "libertos" são evidências desse fato social[3].

Os problemas dessa conjuntura tão específica são pouco familiares na sociologia e na historiografia brasileira, pois "essas visões polarizadas foram tragadas pela avalanche política do Quinze de Novembro. A República colocou-se como uma pá de cal nesse aceso debate, que foi visto como parte de um passado já extinto, que tinha de ser jogado nos museus da memória"[4]. O presente capítulo examina precisamente esse contexto na sociedade maranhense, observando como os valores escravistas da campanha dos senhores por indenização e os conflitos de rua entre negros e republicanos, no ano de 1889, geraram um ambiente político propício a incidentes, como o Massacre de 17 de Novembro, em São Luís.

"ELES JÁ SE PRESUMEM DE IGUAL PARA IGUAL": A QUESTÃO DAS INDENIZAÇÕES E O MOVIMENTO REPUBLICANO

Os meses seguintes à assinatura da Lei Áurea foram marcados pela forte rearticulação política dos interesses escravistas. Lideranças nacionais do Partido Conservador, como Paulino de Souza Soares – filho do Visconde do Uruguai – e o Barão de Cotegipe que, durante mais de uma década, comandaram a reação política organizada contra a libertação dos escravos na Câmara e no Senado, encetaram a campanha pela indenização dos senhores. "Exigiam o valor da propriedade que julgavam espoliada em nome de fazendeiros, comissários, e banqueiros, e subsídios para mão de obra – chineses ou europeus do sul – substituta do ex-escravo, que reputavam indolente sem chicote."[5] Esses agentes lograram converter a longa crise das instituições imperiais numa crise da abolição. O impacto dessa interpretação no Maranhão foi imediato e teve consequências duradouras sobre a historiografia e o pensamento social a respeito da região.

Uma das facções políticas mais poderosas do Estado, os conservadores liderados por Augusto Olímpio Gomes de Castro, arregimentaram aliados para a causa da indenização. Muito da força legendária do escravismo maranhense no pós-abolição não se deveu a imperativos econômicos, mas sim às alianças políticas de setores poderosos da oligarquia maranhense na capital do Império. Homem forte entre seus correligionários do Partido Conservador na região, Gomes de Castro combateu, como deputado da Assembleia Geral, todas as reformas emancipacionistas promovidas pelo Império. Dispondo de cadeira cativa na Câmara dos Deputados desde 1867, ele teve seu prestígio firmado junto ao Barão de Cotegipe e a Paulino de Souza durante ferrenha oposição da minoria conservadora ao gabinete emancipacionista de Manuel Pinto de Souza Dantas, autor das primeiras diretrizes rumo à emancipação, a pedido de dom Pedro II – o Plano Dantas –, que governou o país em 1884 e 1885.

A atuação conservadora incisiva levou Gomes de Castro a assumir a presidência da Câmara dos Deputados em 1887, garantindo-lhe reconhecimento junto ao gabinete Cotegipe que, de agosto de 1885 a março de 1888, atuou como um polo estratégico da reação política escravocrata contra o avanço do movimento abolicionista. Dessa feita, Gomes de Castro tornou-se não apenas o líder maranhense mais influente do Partido Conservador, mas também o principal representante do escravismo maranhense no cenário nacional. Com efeito, o domínio político de Gomes de Castro no Maranhão e a influência de seus apoiadores e correligionários sobre a redação do jornal *O Paiz* fazem parte, nos termos de Joaquim Nabuco, dos anos de "eclipse do abolicionismo"[6] no Brasil. Não sem razão, sua residência foi alvo de pedradas nas comemorações do 13 de Maio. Paradoxalmente, segundo os jornais, os ataques atingiram apenas um de seus últimos escravos.

Em 10 de março de 1888, Cotegipe cai. Rivais de Gomes de Castro assumem o governo em torno de José Alves Moreira, eleito presidente de província e membro do novo gabinete conservador liderado por João Alfredo Correia de Oliveira, de 1888 a 1889. Mas nem mesmo tais mudanças conseguem deslocar o eixo de poder entre os conservadores maranhenses. Gomes de Castro isola o presidente da província de sua própria base política, ao invocar a traição dos conservadores que negociaram a abolição, indo contra os interesses de seus próprios eleitores. De acordo com um político da época:

> Meses e meses se passaram em tão incômoda situação e quem bem de perto conheceu a Moreira Alves, uma das personalidades mais aferradas e lealmente arraigadas ao seu partido, conservador intransigente que era, podia avaliar, como de fato o era, constrangedora sua situação: ter de ir de encontro a uma forte corrente de seu partido, embora de província onde pela primeira vez tinha ido, a precisar apoiar-se em elementos adversários, não era coisa com que pudesse, de bom grado, acomodar-se. Pouco depois de seus primeiros atos, compreendeu que a quase totalidade do partido conservador obedecia a chefia de Gomes de Castro.[7]

Muito do êxito dessa empreitada resultou do sucesso da campanha de indenização organizada pelos castristas. Era, afinal, uma pauta estratégica para a facção conservadora que se encontrava alijada da administração provincial. Do ponto de vista regional, a campanha permitia explorar indefinidamente, frente a um eleitorado de latifundiários e comerciantes, as contradições da seção conservadora liderada pelo gabinete João Alfredo e daqueles conservadores maranhenses que tinham aceitado um acordo com a

Coroa, rumo à aprovação da libertação completa e incondicional dos escravos[8]. Do ponto de vista nacional, reforçavam-se as relações do grupo com o Barão de Cotegipe que, até sua morte em fevereiro de 1889, continuou sendo a maior liderança do Partido, apesar da derrota sofrida com a assinatura da Lei Áurea.

A campanha pela indenização mobilizou os sentimentos de decadência e desonra da aristocracia senhorial maranhense, o que trouxe à tona as imbricações entre raça e política. Num artigo em defesa da indenização, um ex-senhor da comarca de Pinheiro escrevia: "As famílias acham-se sem recursos, visto que os libertos não admitem contrato algum por mais vantajoso que seja e se algum tem feito hoje amanhã o dissolvem. A falta de respeito e desaforos cada vez se acentuam porque *já se presumem de igual para igual*."[9] A tentativa de estabelecer uma clivagem entre o fim do cativeiro e a conquista da igualdade de condição e nascimento para os libertos compunha a linguagem moral da campanha pela indenização.

Nos meses de julho, agosto e setembro formou-se uma frente de mobilização envolvendo comerciantes, membros da Associação Comercial do Maranhão e da Sociedade Auxiliadora da Lavoura e da Indústria, vereadores e deputados, com vistas a convencer a administração regional e toda a representação maranhense ativa a pressionar o governo central, em prol da indenização [quadro 2].

QUADRO 2
MOBILIZAÇÃO POLÍTICA EM PROL DA INDENIZAÇÃO NO MARANHÃO[10]

REGIÃO	INSTITUIÇÃO OU GRUPO RESPONSÁVEL	JUSTIFICATIVA	DOCUMENTO
São Luís	Sociedade Auxiliadora da Lavoura e da Indústria. Associação Comercial do Maranhão.	"Se existem no Império províncias que pouco sofrerão com a emancipação, por isso que, encontrados abertos os cofres do estado para elas entraram cedo na reforma de suas culturas, e a imigração preparou de ante mão a substituição do braço escravo, tendo elas ainda a vantagem de medrarem em seus campos o cafeeiro, que uma vez plantado perdura por muitos anos florescente e produtivo, outras há, como o Maranhão, que, esquecidas dos poderes centrais e tratadas como a Irlanda, arrastam uma vida difícil, não tendo sido até hoje iniciada nelas a colonização estrangeira, nem sistema de cultura que baratearão o custeio e multiplicam o produto." (*Diário do Maranhão*, 5 de julho de 1888, p. 2.)	Petição pública encaminhada à Câmara dos Deputados, subscrita por mil assinantes.
São Luiz Gonzaga	Reunião de lavradores.	"Esta lei atirou os abaixo assinados da classe de proprietários para a de proletários, e quiçá a alguns, no último quartel da vida, na triste condição de ir estender a mão à caridade pública. Senhores, esta lei que com tanta precipitação nos foi atirada quando estava uma colheita a porta, deixando-nos com as mãos limpas sem ter com que pagar um salário, deu já em resultado ficar perdida a safra pela metade." (*O Paiz*, 18 de julho de 1888, p. 2.)	Representação à Câmara dos Deputados.
Viana	Reunião de lavradores.	"A força moral dos ex-senhores extinta pela lei, ameaçada e sem força para conter os desmandos dos libertos, não longe lhes imporá a mão homicida, para maior glória dos agentes dessa lei, que aberrando de todos os princípios de justiça tirou por fim a propriedade sem a devida indenização, aliás reconhecida e paga em outros países que como o nosso tiveram escravos. [...] As nossas fazendas abandonadas e esta comarca com triste aspecto de um lugar por onde tivesse passado o facho da destruição. Que belo quadro enfaixar a lei de 13 de maio de 1888?" (*Diário do Maranhão*, 19 de julho 1888, p. 1-2.)	Documento encaminhado aos presidentes e diretores da Associação Comercial do Maranhão.
São Bento	"Habitantes do município pertencentes a todas as classes sociais sem distinção de cor política."	"a Lei de 13 de Maio extinguiu uma propriedade criada à sombra de nossas Leis, e já existente à época desse preceito constitucional, e portanto compreendida também por ele, sem cogitar indenização devida aos proprietários, e assim com menos prezo de um direito que eles ingenuamente, mas com todo fundamento, reputavam inviolável". (*Diário do Maranhão*, 26 de julho de 1888, p. 2.)	Petição pública encaminhada à Câmara dos Deputados.

REGIÃO	INSTITUIÇÃO OU GRUPO RESPONSÁVEL	JUSTIFICATIVA	DOCUMENTO
Penalva		"Que o escravo era uma propriedade, muito embora odiosa, cercada de todas as garantias legais, e sujeito a todos os ônus inerentes a uma natureza, não há [que] negar. Que o senhor usufruía, e que o estado tirava dela todos os proventos para o andamento do mecanismo social, é uma verdade que não pode sofrer contestação. Como pois seremos privados dela sem a mínima indenização?" (*Diário do Maranhão*, 26 de julho de 1888, p. 2.)	Petição pública encaminhada à Câmara dos Deputados.
Vargem Grande	Lavradores e ex-proprietários de escravos.	"Abolindo o elemento servil, a nação faz justiça aos escravos, indenizando os ex-senhores, a nação também fará justiça aos proprietários e lavradores. Confiados no vosso patriotismo, os abaixo assinados esperam favorável deferimento." (*O Paiz*, 27 de julho de 1888, p. 3.)	Petição pública encaminhada à Câmara dos Deputados (37 assinaturas).
Alcântara	Ex-proprietários de escravos.	"A escravidão, Augustos e Digníssimos Senhores, era sem dúvida a herança mais funesta que nos legaram os nossos antepassados, mas é forçoso confessar que a despeito de todos os seus era ela ao mesmo tempo uma instituição que cooperava para o engrandecimento da pátria por ser quase o único fato do movimento agrícola, fonte principal de riqueza pública." (*O Paiz*, 10 de agosto de 1888, p. 1.)	Petição pública encaminhada à Assembleia Legislativa Provincial
Arary	Lavradores e comerciantes.	"Não é também louvável, que, o governo, convindo no desejo de felicitar uma classe desfavorecida contribua para levar à [...] extrema miséria grande número de seus compatriotas, porque na hipótese de não ser reparada a desapropriação ordenada pela dita lei por meio da indenização pedida hão de muitas famílias experimentar as provações da mendicidade [...]." (*Diário do Maranhão*, 11 de agosto de 1888, p. 2)	Documento encaminhado à Sociedade Auxiliadora da Lavoura e da Indústria (mais de duzentas assinaturas).
Alto Mearim	Membros e eleitores do Partido Liberal.	"Convencidos de que um governo mais justo e respeitador dos direitos de propriedade não deixará de reparar a espoliação de que foi vítima a classe da lavoura a que pertencemos, declaramos para o conhecimento do diretório da capital e do nosso chefe na corte o exm. Conselheiro Felipe Franco de Sá, que nós e nossos correligionários só havemos de apoiar as candidaturas dos que declarem no seu programa que vão pugnar pelos nossos interesses, exigindo indenização dos escravos que foram libertos pela lei de 13 de Maio [...]." (*O Paiz*, 10 de agosto de 1888, p. 3.)	Documento encaminhado ao Diretório do Partido Liberal em São Luís e na Corte.

REGIÃO	INSTITUIÇÃO OU GRUPO RESPONSÁVEL	JUSTIFICATIVA	DOCUMENTO
S. Vicente Ferrer	Ex-proprietários de escravos, filiados ao Partido Liberal e ao Partido Conservador.	"É tão robusta a justiça que assiste ao ex-proprietário de escravos de ser indenizado do seu valor, que só a prepotência imperial poderá escurecer este direito [...], ato que ainda se torna mais revoltante depois da cobrança de impostos destinados a emancipação de escravos, pelo valor fixado pelo próprio governo, sem audiência da parte interessada, como tem acontecido em tudo que diz respeito a esta questão, mormente depois que um presidente do conselho de ministros, tendo feito pacto com a Coroa, se proclamou com outros senadores, chefe ostensivo da propaganda anárquica e incendiária, que acaba de produzir uma conflagração tremenda e horrível na sociedade brasileira." (*O Paiz*, 13 de agosto de 1888, p. 3.)	Representação encaminhada à Câmara dos Deputados (duzentas assinaturas sem distinção de cor política).
Vila de Moção	Agricultores, comerciantes e proprietários.	"A França, Inglaterra, Portugal e, finalmente, todas as nações, que tiveram essa lamentável instituição, extinguiram-na, estipulando, sob diversas formas, a justa e legal indenização; porque não há negar se ofendia a consciência da razão, se era contrária à moral e à religião, todavia, tirava da própria lei sua legitimidade convencional; e ainda mais; porque entenderam seus sensatos legisladores que a indenização, além de ser um legítimo direito dos proprietários, era uma subvenção ao trabalho livre, um aditamento sobre o salário." (*Diário do Maranhão*, 16 de agosto de 1888, p. 2.)	Representação à Câmara dos Deputados (250 assinaturas).

Não é de meu interesse construir um quadro completo da mobilização pela indenização no Maranhão, mas apenas assinalar, com essa pequena amostra, indícios de sua amplitude no Estado, bem como tornar explícita sua linguagem escravista. Essas petições, abaixo-assinados e representações, que foram articuladas em diversas cidades, eram prioritariamente dirigidas a instituições políticas, como a Câmara dos Deputados e a Assembleia Legislativa, e também serviam para orientar a ação de organizações patronais, como a Associação Comercial do Maranhão e a Sociedade Auxiliadora da Lavoura e da Indústria.

Um dos principais argumentos utilizados em favor da indenização referia-se ao efeito da emancipação sobre a crise econômica do Estado. Nesses reclamos, o Maranhão é descrito como uma

Província abandonada pelos poderes centrais, desprovida das vantagens do café e da imigração estrangeira, onde a indenização teria o efeito benéfico de recapitalizar a grande lavoura, ou subsidiar investimentos no setor comercial, bancário e industrial. A linguagem escravista desses documentos se torna visível na representação da Lei de 13 de maio como uma normativa precipitada, que retirou a força moral dos senhores e atacou o direito de propriedade. Não espanta que a campanha pela indenização tenha sido, conforme denúncias, um esteio para a escravização ilegal de pessoas no imediato pós-abolição. Uma missiva publicada em junho de 1888, enviada de Vargem Grande, pedia providências ao Presidente da Província indagando: "é possível ter-se ainda debaixo de sujeição os ex-escravizados sob o pretexto de não ter sido o possuidor indenizado do valor dos mesmos, pois aqui tem uma entidade representativa que ainda os tem sob domínio, tendo até um de se evadido para gozar do seu direito"[11].

Uma das consequências da mobilização senhorial pela indenização da propriedade escrava, pois a rigor tratava-se apenas de uma reivindicação econômica, foi a desses grupos terem assumido um papel relevante na disseminação de esquemas raciais de percepção acerca dos libertos e de outros negros nas disputas políticas daquele contexto. Outra consequência inesperada da campanha pela indenização no Maranhão foi conferir visibilidade ao movimento republicano, que se tornaria, cada vez mais, uma alternativa política eleitoral. Um artigo em defesa da indenização, assinado por Sergio Vieira, da comarca de Santa Bárbara, é taxativo a esse respeito:

Assim como em nada influiu a cor política para que decretassem os nossos parlamentos a libertação desses escravos sem indenização, assim entendo que – se deve abstrair a cor política na questão da indenização reclamada pela Sociedade Auxiliadora da Lavoura e Indústria e Associação Comercial; pensando por esta forma, estou disposto a votar no candidato que pelo seu programa se comprometer em advogá-la na câmara temporária, embora ele seja conservador e eu liberal; entendendo-se que preferirei o liberal em caso de concorrência; se não houver, porém, programas que me preencham às vistas, votarei no republicano mais convicto, resoluto e exaltado [...].[12]

A campanha pela indenização dos senhores permaneceu forte e atuante no Maranhão, mesmo depois que a morte do Barão de

Cotegipe, no começo de 1889, tenha esmorecido a força política para convertê-la em realidade[13]. No dia 18 de fevereiro de 1889, a Assembleia Legislativa Provincial aprovou, por dezoito votos favoráveis contra dois contrários, o requerimento do deputado Viriato Lemos, exigindo a indenização aos ex-senhores[14]. A expressividade da votação demonstra que havia consenso entre políticos maranhenses de diversas facções, tanto do Partido Conservador quanto do Liberal, no que diz respeito à legitimidade da indenização. Em contraposição a essa pauta, o governo da província investiu na revitalização dos projetos para promover a imigração estrangeira ao Estado. No dia 7 de janeiro de 1889, o jornal *Diário do Maranhão* estampou em letras garrafais uma circular oficial dirigida aos fazendeiros, datada do dia 5 de janeiro, informando que o governo imperial subvencionaria gratuitamente a imigração de portugueses, espanhóis e italianos para o Maranhão[15]. Com a intenção de retificar a credibilidade pública da iniciativa, o presidente da província, José Moreira Alves, publicou um comunicado emitido pelo próprio ministro da Agricultura, o conselheiro Antonio Prado, estimulando os fazendeiros maranhenses a requerer os recursos do Império para este fim:

Nas províncias de São Paulo, Rio de Janeiro, Espírito Santo e Minas Gerais e sobretudo na primeira, a lavoura organizada nos estabelecimentos particulares tem achado na imigração estrangeira suprimento inestimável de forças, mediante ajuste de trabalho por salário e por empreitada. A prova exuberante da utilidade e exequibilidade deste sistema, contra o qual não há queixas que façam recear pela harmonia das relações e dos mútuos interesses dos locadores e locatários de serviços resulta da constante exigência de braços estrangeiros por parte da lavoura e da prontidão e boa vontade com que os imigrantes procuram e aceitam este modo de colocação. Chamo para este ponto toda a atenção de V. Exc.
    Convocando lavradores, que pela prática de sua nobre profissão, extensão das suas culturas e espírito esclarecido possam influir pelo exemplo, convidá-los-á V. Exc. a iniciar nos seus estabelecimentos o trabalho do braço estrangeiro, assegurando que o Governo Imperial lhos fornecerá na escala necessária, fazendo-os transportar a custa do Estado até os mesmos estabelecimentos. Para recepção e agasalho destes imigrantes, no que deve haver todo cuidado, lembrará V. Exc. o que convier, mediante orçamento da despesa.[16]

A publicação do comunicado pautava a imigração europeia como uma ordem do governo central, a ser acatada patrioticamente, em todas as províncias. O documento sugeria que o invejável sucesso econômico das províncias do sul, especialmente São Paulo, se devia ao recurso do aproveitamento do braço estrangeiro, defendendo a imigração como uma fonte inesgotável de mão de obra barata e "harmônica". Assim, a solução para a crise econômica seria uma questão de "esclarecimento" e "cultura" dos latifundiários maranhenses – o que passava pela requisição dos subsídios concedidos pelo imperador. Ademais, argumentava-se que o plano de realizar a indenização aos fazendeiros em apólices com juros de 3% ao ano, proposto pelo Barão de Cotegipe, pouco aliviaria a crise econômica na província. "Já não sendo muitos em Maranhão, os senhores que possuíam cinquenta escravos, antes da lei, poucos também seriam os que houvessem de receber 600$ reis por ano, sendo esta soma equivalente ao juro das apólices que haviam de receber por aquele número de escravos!"[17] Essa avaliação de conjuntura demonstra o quanto a administração provincial estava ciente de que a crise da abolição fora uma construção política do movimento que exigia a indenização. A aposta nos subsídios à imigração europeia, mais do que prover uma solução à demanda dos proprietários, visava conter os usos políticos e eleitorais da crise econômica maranhense por seus adversários.

Poucos elementos expressam tão bem a situação periférica do Maranhão na política brasileira da época quanto a capacidade da elite política de explorar, de maneira consciente, a indenização e a imigração – dois projetos aparentemente falidos – na conjuntura local do pós-abolição. Tal situação ajudou a desgastar ainda mais a imagem da Monarquia brasileira, alçando o movimento republicano a um lugar de visibilidade que jamais possuíra, na longa tradição da província. Segundo o sociólogo José Ribamar Caldeira, "até a queda da Monarquia, o Maranhão se incluía entre as províncias nas quais os movimentos para instaurar a República eram inexpressivos"[18]. Por sua vez, o historiador George Boehrer afirmou que:

Não havia praticamente, republicanos na província do Maranhão, em 1870. Miguel Vieira Ferreira, um dos fundadores do Clube Republicano do Rio, escreveu que além de seu irmão, de seu pai e do pai de Antônio Enes, não existia, que ele soubesse, outros republicanos na província. Contudo a 8 de Janeiro surgiu um jornal republicano, *A Esperança*. Esse jornal teve curta duração e nenhum outro órgão republicano tomou o seu lugar, até o ano de 1877, quando surgiu *O Democrata*, semanário dirigido por Antônio de Almeida Oliveira. A seguir, *O Democrata* tornou-se um órgão monarquista e o seu primeiro diretor aderiu ao Partido Liberal. Houve pouca ou nenhuma atividade nos anos que se seguiram imediatamente à publicação de *O Democrata*. Um estudo contemporâneo, publicado em 1884 [*Os Partidos Políticos no Maranhão*, de Joaquim Serra] sobre a política do Maranhão, não menciona um partido republicano. A situação melhorou depois, segundo parece, pois no fim de 1888, havia na província três clubes, um em São Luís, a capital da província, um em Cururupu, o Clube Tiradentes, e outro em Caxias. O Clube de Cururupu fundado em Maio de 1887, sob a presidência de Manuel Pires da Fonseca, marca o renascimento do movimento republicano no Maranhão.[19]

Os jornais da época também dão testemunho da fragilidade do movimento republicano no Maranhão. Logo no dia 27 de junho de 1888, pouco mais de um mês após a assinatura da Lei Áurea, o jornal *Pacotilha*, folha abolicionista vinculada ao Partido Liberal, chamou a atenção dos seus leitores para a existência de um movimento republicano no Brasil: "A agitação que se nota no sul do Império, se não é um desses movimentos passageiros, produzidos por impressões de pouca duração, ameaça em futuro talvez não muito remoto ruir pela base o sistema do governo que nos rege."[20] O texto, intitulado precisamente "O Movimento Republicano", consiste numa interpretação acerca das razões pelas quais tanto liberais quanto conservadores estavam migrando para o Partido Republicano:

A solução da questão servil realizada por um ministério conservador e que feriu muitos interesses particulares, exacerbando os ânimos, em uns, e levando a descrença de que no terceiro reinado possam ter os dois partidos militantes maiores larguezas, maior ação e liberdade, fez com que, em diversos pontos do Império, nomeadamente em São Paulo, Minas Gerais e Rio de Janeiro, o partido republicano recebesse um incremento extraordinário.
A internação em que se vai metendo o ministério 10 de março no programa do partido liberal, pelas reformas prometidas na fala do trono, longe de dissipar esta persuasão que vai se enraizando em parte do partido liberal que aderiu ao movimento republicano, as confirma cada vez mais.[21]

O problema, conforme os argumentos do articulista, é que o "ludíbrio régio" de fazer com que um gabinete conservador conduzisse uma reforma de índole tão liberal quanto a emancipação dos cativos destruía o fundamento do sistema político imperial, fortalecendo as lides republicanas. Mas o que chama atenção é o caráter "sulista" com que o movimento republicano ainda era percebido no Maranhão, em meados de 1888: segundo o texto, tratava-se de uma mobilização de São Paulo, Rio de Janeiro e Minas Gerais. Assim, de um ponto de vista provinciano, o movimento republicano parecia algo que vinha de fora.

Talvez essa percepção seja um indicativo do pouco impacto, na capital do Estado, das agremiações republicanas que surgiram no interior do Maranhão – caso do mencionado Clube Republicano de Cururupu, fundado em maio de 1887. Os historiadores são unânimes ao afirmar que a mobilização dos republicanos no Maranhão foi mais intensa no interior do Estado, nos chamados sertões maranhenses, pois a distância dos centros de decisão política estadual estimulou a recepção do receituário federalista e abalou a credibilidade do regime monárquico. "A verdade é que os republicanos, na capital, ainda não eram nem quantitativamente bastantes nem qualitativamente suficientes para se decidirem a fundar uma seção do Partido Republicano que pudesse ter força de levar sua ação ou impor sua hegemonia sobre toda a província"[22]. O Clube de Barra Corda, um dos mais ativos do Estado, pertencia a uma pequena vila com menos de 3 mil habitantes, incluindo velhos, mulheres, pessoas escravizadas e crianças[23].

Um dado relevante, apresentado pelo historiador Luiz Alberto Ferreira, é que onze das quatorze principais agremiações republicanas fundadas na província a partir da organização do Clube Republicano de Cururupu, em maio de 1887, somente se articularam no primeiro semestre de 1889, incluindo a agremiação de São Luís[24]. Sob vários aspectos, portanto, era um republicanismo de 14 de maio aquele dos maranhenses, bem marcado pela reação senhorial à abolição definitiva e à crise econômica do setor agroexportador na província.

A partir de julho de 1888, a publicação do jornal *O Novo Brazil* (Fig. 7), em São Luís, sob a direção de Sátiro Farias, marcou a organização dos republicanos da capital. Dois meses haviam se passado desde o 13 de Maio e o federalismo era a bandeira mais contundente do republicanismo no Maranhão. No jornal, a autonomia dos municípios quanto à gestão orçamentária e a

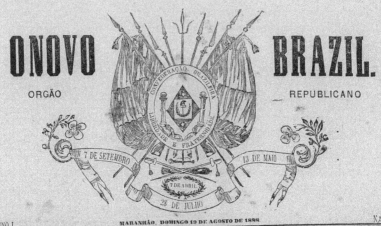

FIG. 7. Primeira página do jornal republicano O Novo Brazil, edição do dia 19 de agosto de 1888. A aposta numa República federativa, capaz de garantir equilíbrio na relação do Estado nacional com as províncias, aparece na ideia da "confederação brasileira", ancorada nos valores da "liberdade" e da "fraternidade". É digna de nota a ausência da "igualdade" entre os valores republicanos.

maior independência com relação ao poder central eram vistas como alternativas para contornar a situação periférica da província na política brasileira. Além disso, a exigência de concursos públicos, bem como a da independência entre os três poderes, conforme sustentara o pensamento de Montesquieu, era defendida como condição básica para a reforma da burocracia estatal brasileira[25]. Entre as colunas do periódico, destaca-se Centelhas, assinada pelo poeta Joaquim de Souza Andrade, mais conhecido como Sousândrade. Abolicionista e republicano de longa data, tendo vivido por muitos anos nos Estados Unidos, ele defendia um republicanismo à moda estadunidense, de tipo democrático. Contra o prestígio crescente da Monarquia após o 13 de Maio, Sousândrade afirmava: "o escravo libertou-se quando ele próprio, agitando-se pela liberdade, compeliu os poderes a reconhecê-lo; o cidadão republicano, do mesmo modo, se há de libertar – saindo da mortífera indiferença dos que até hoje tinham perdido a ação, louvando-se sem exame de consciência nos governos imperiais"[26].

A criação do jornal republicano na capital maranhense coincidiu com a intensa mobilização do Partido Conservador, em prol da indenização aos ex-senhores na província. Alguns republicanos surfaram nessa onda. No mês seguinte à fundação de *O Novo Brazil*, publicava-se um artigo intitulado "Verdade e Franqueza: A Lei de 13 de Maio e etc.", assinada por "Um republicano", que afirmava: "a lei que declarou libertos todos os escravos do Brasil é anticonstitucional, e por tanto uma de duas; ou o governo há de reparar o agravo que ela produziu, isto é, há de indenizar aos senhores de escravos; ou ele há de sujeitar-se as consequências do primeiro abalo que ele, [...], acaba de dar a Constituição"[27]. Outra nota, intitulada "A República", era mais institucional e pedagógica quanto às propostas do Partido, intervindo no debate da seguinte maneira:

Pois bem, o partido republicano que não admite fidalguias nos brancos e brancas que nasceram livres, muito menos poderá admiti-la naqueles que até o dia 12 de maio eram escravos. Por conseguinte se tais indivíduos negam-se ao trabalho, faço-os o governo trabalhar na militância, já que não se prestam para outra coisa.
[...]
O gabinete 10 de Março dando a liberdade aos escravos procedeu de um modo antissocial, porque não cuidou de dar devido freio ao desenfreamento que essa liberdade haveria de produzir. Além de prejudicar os

ex-senhores, porque não os indenizou, ainda de mais a mais não preveniu, como deveria, as consequências funestas dessa liberdade precipitada.[28]

Eis a liberdade dos brancos. Nesse excerto, como em outras fontes apresentadas no capítulo anterior, a generalização do estigma do cativeiro a todos os negros é mobilizada com o fito de lhes imputar uma cidadania de segunda classe, uma restrição de direitos com base na presunção de um despreparo cultural para o bom uso da liberdade. Trata-se de um grupo que precisa ser civilizado e disciplinado para o trabalho através da coerção física. O detalhe instigante, nesse caso, é que tais ideias de raça estão compondo a linguagem de mobilização e as reivindicações de um partido político. É verdade que esse discurso não era unívoco entre os republicanos, mas ele serviu para moldar o feitio senhorial desse movimento no Maranhão.

A pauta da indenização, com sua manipulação dos ressentimentos contra os trabalhadores recém libertos e outros negros, integrou as esperanças dos ex-senhores de Caxias – a segunda maior cidade da província – ao movimento republicano. "Para estes fazendeiros a abolição sem indenização representava a falência completa da economia local. Acreditavam que a República se não traria de volta a escravidão, iria ressarci-los de alguma forma dos prejuízos."[29] O manifesto republicano da Vila de Picos flertou precisamente com esse grupo, ao afirmar que "a inexperiência da Sra. D. Isabel, acaba de aniquilar completamente a lavoura e sendo com adjuvada nesse ato fúnebre, por uma câmara servil, e um gabinete composto de homens sem programas, sem crenças definidas e baldos de servir como patriotas"[30].

Mas, sem dúvida, o testemunho mais eloquente da tentativa dos republicanos maranhenses de atrair os ex-senhores ressentidos com o fim da escravidão veio do poeta Sousândrade que, acusado de capitular o ressentimento de seus velhos adversários, respondeu, em tom romântico: "para que estranhar que os ex-senhores se convertam em livres republicanos? […] Os convertidos do 13 de Maio são duplamente bem-vindos, como filhos pródigos que voltassem a casa paterna América com a melhor virtude do arrependimento, depois de desenganos desse asiático mundo em que divagavam"[31]. Atitudes desse tipo conferiam plausibilidade à interpretação, difundida por monarquistas de grande influência nacional – como o abolicionista Joaquim Nabuco –, de que, no Brasil, o movimento republicano constituía uma verdadeira revanche dos senhores de escravos, irritados com o fim da escravidão.

OS NEGROS E A POLÍTICA DAS RUAS

Uma das novidades introduzidas pelo abolicionismo na política brasileira de fins do século XIX foi a relevância do espaço público, em particular o uso da própria rua como forma de pressionar o Estado nacional e articular mobilizações civis[32]. Nesse aspecto, um agente importante para compreender a mobilização de classificações raciais na política brasileira do imediato pós-abolição é a chamada Guarda Negra. A instituição foi organizada no Rio de Janeiro pelos "pretos libertos" Hygino, Manoel Antonio, Aprígio, Gaspar e Teócrito, no dia 9 de julho de 1888, poucos meses depois da assinatura da Lei Áurea[33]. No dia 10 de julho de 1888, seus estatutos vieram a público, na primeira página do jornal *Cidade do Rio*:

1º - Criar-se uma associação, com o fim de opor resistência material a qualquer movimento revolucionário, que hostilize a instituição que acabou de libertar o país; [...]
2º - Só poderão fazer parte, como seus sócios ativos, os libertos que se por maioria absoluta, em votação que se efetuará em momento oportuno; [...]
3º - Poderão ser sócios efetivos unicamente os que considerem o ato memorável do dia 13 de Maio, acontecimento digno de admiração geral e não motivo para declarar guerra a humanitária princesa que o realizou. [...]
4º - Pedir a Confederação Abolicionista o seu apoio, para que esta sociedade se ramifique por todo o Império; [...]
5º - Pedir a imprensa que participa desse sentimento, o seu valioso concurso. [...]
6º - e último, aconselhar por todos os meios possíveis aos libertos do interior que só trabalhem nas fazendas daqueles que não juraram guerrear o Terceiro Reinado.[34]

Os estatutos marcam com objetividade o cunho racial da organização, que só admitia libertos entre seus sócios ativos. A famosa Confederação Abolicionista – que aparece como um dos esteios dessa nova associação que se autodenomina negra – era, naquele momento, a principal organização de combate à escravidão na capital do Império e contava com nomes de peso entre seus quadros, como João Clapp, José do Patrocínio e André Rebouças. O sentido afirmativo e político dos estatutos é algo raro, se não inexistente, na conjuntura brasileira do período. O objetivo declarado da Guarda Negra era a defesa dos direitos conquistados no 13 de Maio, por meio do apoio ao Terceiro Reinado da princesa Isabel. Encontra-se aí, como diria o jornal *Cidade do Rio*, pertencente a José do Patrocínio, um "verdadeiro partido político, tão respeitável como qualquer outro"[35], vindo à luz num contexto em que "contra os homens de cor são vulcânicas as expressões de ódio"[36].

A Guarda Negra tornou-se nacionalmente conhecida pela repercussão do célebre confronto entre seus membros e os republicanos, liderados pelo tribuno Silva Jardim, no dia 31 de dezembro de 1888, durante uma palestra de propaganda republicana na Sociedade Francesa do Rio de Janeiro. Em São Luís do Maranhão, o jornal *Pacotilha* reproduziu uma matéria da Corte, publicada no *Jornal de Recife*, que se voltava à descrição e interpretação minuciosa desse episódio. De acordo com o texto, o "combate", que ocorrera às portas do edifício da Sociedade Francesa, tinha sido um prolongamento de um episódio do dia anterior, quando um "grupo de negros" se dirigira ao Largo do Rocio, dando vivas à princesa Isabel e a José do Patrocínio, a fim de impedir uma conferência de Silva Jardim. Precavidos, os republicanos compareceram armados ao encontro do dia seguinte e "os que assistiam à conferência correram para a porta e para as janelas do edifício, a fim de impedirem a entrada dos assaltantes. Deu-se então um verdadeiro combate. Pedras, telhas, espelhos, móveis, de tudo fizeram arma os assaltos, além dos tiros que dispararam"[37]. Finda a conferência, deram-se novos conflitos entre a Guarda Negra e os republicanos e, segundo o jornal, "não houve uma só pessoa nesta cidade que não percebesse logo que a Guarda Negra tinha desempenhado desta vez o mesmo papel de que em ocasiões análogas são aqui encarregados os chamados – capoeiras de polícia"[38].

Chamo a atenção para importância da capoeira porque a prática lança luzes tanto sobre as formas de ação que envolveram os conflitos entre republicanos e negros no pós-abolição quanto sobre a circulação de informações e a troca cultural entre a gente comum de diversas partes do Brasil naquele período. Os jornais do período registram alguns marinheiros, que sempre dispostos a uma boa briga, difundiram e fizeram a fama da capoeira nas cidades costeiras do país. Em São Luís, a canhoneira Lamego, oriunda do Rio de Janeiro, ali estacionou trazendo entre seus tripulantes um grupo de capoeiras que frequentaria as páginas dos jornais maranhenses nos anos seguintes[39]. A embarcação de guerra ficaria na capital maranhense por quase uma década (1879-1887), período de intensa mobilização abolicionista no país, e nos ajuda a compreender como as ideias e formas de ação circulavam entre os grupos sociais subalternos. Luiz Alberto Ferreira afirma, sem fornecer a referência completa de suas fontes, que durante algumas conferências republicanas na capital maranhense "os republicanos foram apedrejados pelos libertos de 13 de Maio (denominados capoeiras) insuflados pelos monarquistas"[40].

A importância da capoeira nos conflitos de rua entre a Guarda Negra e os republicanos, no Rio de Janeiro, permitiu ao historiador Carlos Eugênio Líbano Soares aprofundar-se nas relações entre políticos monarquistas e negros capoeiras, ao longo da década 1870. Alguns dos negros que foram presos naquelas circunstâncias do dia 31 de dezembro de 1888 pertenciam à "malta" de capoeiras Cadeira da Senhora que, segundo Soares, dominava o Campo de Santana, área central do Rio de Janeiro[41]. Conforme assinalou Flavio Gomes[42], o imaginário do confronto racial alimentou o debate jornalístico sobre a organização de libertos. Em consonância com essa visão, o aspecto que chamaria a atenção dos jornais maranhenses acerca da Guarda Negra é a mobilização da raça como forma de organização política. A matéria publicada por *Pacotilha* sobre o conflito em questão atribui ao movimento a intenção de "fomentar uma guerra de raças, como se a questão não fosse entre monarquistas e republicanos, mas entre brancos e negros. Em um país, onde mesmo no tempo da escravidão não houve distinção de raças"[43].

O surgimento da Guarda Negra, pautando a questão da participação política organizada dos libertos, açula o medo do conflito racial aberto, num país de imensa população de cor. No dia 4 de fevereiro de 1889, os maranhenses tiveram notícia da organização da Guarda Patriótica, composta de nacionais e estrangeiros, com vistas a salvaguardar a ordem pública. "Os brancos assim procedendo, não fazem mais do que defenderem-se contra os perigos que são infalíveis, diante da existência de uma corporação audaz e altamente protegida pelos poderes do Estado. Cumprem assim o seu dever."[44] O jornal *O Novo Brazil* também publicou matérias sobre a Guarda Negra, no primeiro semestre de 1889. Num artigo de 16 de março, o órgão republicano reagiu contra o boato de que a Monarquia visava "armar um batalhão negro, para no caso de perigo opor-se as forças republicanas, cujo título será 'Guarda Negra'. [...] Ontem liberaste os nossos escravos, e hoje sem lei de recrutamento quereis recrutá-lo?"[45] Em abril do mesmo ano, o artigo de título "Guarda Negra" definia assim a instituição: "uma quadrilha de facínoras, engraxados entre os indivíduos de cor que batizam, fazendo ofensa a todos os libertos, com o nome de Guarda Negra. Deixai passar essa gente descalça de chapéu sem fundo, e de faca em punho: – são os últimos defensores da Monarquia no Brasil!"[46] No Maranhão, embora fosse muito provável que os negros tivessem algum conhecimento das polêmicas em torno da Guarda Negra, não localizei nenhuma tentativa de organizar um movimento nos moldes da organização do Rio de Janeiro; fato que ocorreu em outras cidades, como Salvador, na Bahia. Entretanto, a existência daquela mobilização de libertos na capital do Império e em outras cidades brasileiras importantes e, sobretudo, a reação nacional a seu caráter racial produziram um enquadramento interpretativo dos sentidos das ações políticas dos negros em meio à crise do Império. Não era mais necessário que uma ação fosse realizada pela própria Guarda Negra, para que fosse entendida enquanto tal, e logo as manifestações públicas dos libertos, especialmente aquelas contrárias aos republicanos, passaram a ser explicadas por essa chave. Ainda que existissem protestos de republicanos de cor, que reagiam contra a associação preconceituosa entre a mobilização racial e a defesa da Monarquia, foram de fato os princípios norteadores da Guarda Negra que ofereceram um lugar simbólico para os negros na política brasileira do fim do Império.

Na cidade de São Luís, no ano de 1889, as manifestações públicas, quebra-quebras e protestos organizados pelos nomeados libertos, cidadãos do 13 de Maio e homens de cor e o tipo de reação que suscitaram são mais bem compreendidos à luz dessa conjuntura, que viabilizou a mobilização de classificações raciais como forma de disputa política. O movimento republicano se fortaleceu na província no mesmo contexto da mobilização senhorial pela indenização, não raro expressando afinidades ideológicas com os ex-proprietários e, assim, se torna o alvo dos protestos. Em sua coluna no jornal *O Novo Brazil*, o poeta Sousândrade chega a pedir a intervenção do governo do Maranhão contra o constante apedrejamento das bandeiras francesa e estadunidense hasteadas no Hotel de França. "Lembrem-se que paspalhão foi o escravo; figurão está o liberto; e é do cidadão que necessita a Pátria."[47] O cidadão francês José Picot, membro do Clube Republicano de São de Luís e proprietário do Hotel de França, onde se realizavam as conferências republicanas da cidade, narra como tais encontros foram poucos e tumultuados, na capital maranhense:

E foi destarte que no dia 4 julho, aniversário da proclamação da República nos Estados Unidos da América do Norte – o ilustre tribuno [Paula Duarte] realizou nas janelas do Hotel de França, por mim cedidas, a sua primeira conferência republicana, o primeiro ataque publicamente dado a plena luz do sol nesta capital ao ignominioso governo da Monarquia.

Após esta realizou-se outra conferência republicana em 14 de julho, o grande dia do povo francês.

As mais torpes agressões, os mais pungentes doestos assaca-os contra mim por uma malta infrene de ignorantes, açulados por homens sem patriotismo, nem consciência, foi a paga que recebi por ter me colocado ao lado de um apóstolo da liberdade deste povo.

Só eu mesmo posso avaliar o que sofri e o esforço de que tive que revestir-me para afrontar o desenfreamento da ignorância e dos inimigos da República.

No dia 28 de julho, quando após outra conferência do dr. Paula Duarte, saiu este do Hotel França acompanhado por amigos, ao som da marselhesa, foi apedrejado este estabelecimento e corri o risco de ser estrangulado.

Na manhã de 17 do corrente [novembro], depois de hastear no Hotel França o pavilhão republicano, fui furiosamente agredido no mercado público por um grupo de indivíduos que gritavam possessos: Viva a Monarquia, morra o Paula Duarte, morra o Picot; esfolemos este republicano.[48]

Embora antes de 4 de julho de 1889 haja registros de conferências republicanas em São Luís, é significativo o caráter tardio desse tipo de encontro naquela cidade. Um dado importante do testemunho do hoteleiro francês é que ele considera o confronto de 17 de novembro uma continuidade das tentativas de empastelamento das conferências republicanas. No excerto acima, José Picot se refere aos "inimigos da República", classificando-os apenas como uma "malta infrene de ignorantes, açulados por homens sem patriotismo, nem consciência"[49]. As matérias de jornal em torno dos incidentes, às quais confirmam seu caráter violento, fizeram menções explícitas à cor dos manifestantes. Na conferência republicana do dia 28 de julho, postou-se em frente ao Hotel de França:

uma malta de homens de cor e moleques, essa potência invencível que temos perfeitamente aclimatada, que armados de cacetes reuniram-se em frete ao lugar onde devia efetuar-se a conferência, prorrompendo em gritos sediciosos e com intenções malévolas.
Convictos de que não se realizaria a conferência, os da malta percorreram diversas ruas da cidade sempre armados de cacetes e a vociferar morras à República[50].

Naqueles dias finais de julho, o sentimento monarquista devia estar particularmente exaltado entre os súditos fiéis da família imperial. O Conde D'Eu, consorte da princesa Isabel, estava na cidade de São Luís, em excursão de propaganda sobre o Terceiro Reinado. O governo preparou uma recepção grandiosa para o nobre, no porto. Aparentemente, o trajeto da realeza foi difícil após o desembarque, "tal era a quantidade de povo que o seguia, de homens e mulheres que o abraçavam, atirando-lhe folhas de rosa. Um homem do povo, depois de levantar entusiásticos vivas, ofereceu a S. Alteza um *bouquet* de cravos brancos com ramos de alecrim, oferta que S. Alteza agradeceu, dando-lhe um abraço"[51]. Os aliados da Monarquia não deixaram de enfatizar as manifestações populares de apreço pelo nobre. O jornal católico *Civilisação* descreveu, em carregadas tintas antirrepublicanas, a atitude dos libertos para com o consorte da "Redentora":

Os homens do povo compreenderam que deviam principalmente à herdeira do trono, a sereníssima princesa Imperial, o grande benefício da emancipação geral decretada em 13 de Maio do ano passado, e fomos testemunhas do excepcional afeto dos libertos, que a porfia aclamavam o sr. conde D'Eu, beijavam-lhe as mãos, ofereciam-lhe mimos.
Sentia-se nestas manifestações palpitar a alma popular e expandir-se numa alegria franca e sincera. Debalde a propaganda republicana buscara abafar este sentimento de gratidão ou desorientá-lo com palavras sonoras, o povo humilde, com o coração ainda não viciado nos cálculos

do interesse, permanece vinculado à Monarquia – o machado que cortou pela raiz a árvore da escravidão.[52]

Na visão dos padres maranhenses, a atitude dos libertos para com o conde D'Eu expressava seu reconhecimento de que a princesa Isabel havia sido a maior responsável pelo decreto que os tirara da escravidão. Tratava-se de uma pura manifestação da "alma popular", sem qualquer conotação política, expressão da enorme gratidão dos libertos, pessoas ainda longe dos "cálculos do interesse" que estariam por trás da propaganda republicana. Entretanto, era justamente pelo valor político dessas ações de rua como fator de legitimação da Monarquia, naqueles meses críticos, que os padres, funcionários do Estado imperial, as enfatizaram em sua descrição. As versões mais conhecidas da visita do conde D'Eu a São Luís destacam as manifestações dos estudantes do Liceu Maranhense contra o príncipe, aos gritos de vivas à República e morras à Monarquia[53]. De qualquer modo, o que é preciso reter aqui é que, em ambos os lados do espectro político, a raça foi colocada em ação.

Não foi localizada nenhuma mobilização de republicanos de cor em São Luís, como as que aconteceram no Rio de Janeiro e em São Paulo, no ano de 1889[54]. No Maranhão, tudo indica que a causa republicana havia mesmo se transformado numa liberdade dos brancos. As intervenções violentas de "maltas de homens de cor" contra republicanos, na capital maranhense, oferecem elementos empíricos para sustentar a seguinte hipótese:

Os negros (sejam eles escravos, libertos, a massa mestiça ou sua camada média urbana de funcionários, jornalistas, profissionais liberais e intelectuais negro-mestiços) moveram-se mais em torno da ideia de liberdade e de direitos do indivíduo que da igualdade de direitos e de cidadania, enquanto a classe média urbana "branca" europeizada, assim como as elites agrárias, cujos direitos civis e políticos datavam do Império, gravitaram em torno de aspirações de igualdade política e social. A liberdade, como negação do cativeiro ou da servidão pessoal, tal como expressa na luta pela abolição da escravatura, esgotava para o povo o sentido republicano da igualdade como estatuto legal equivalente para todos os homens – independentemente da origem social ou cor.[55]

O caso maranhense contém indícios de que a gente negra enxergava, na princesa Isabel, uma garantia dos seus direitos civis e/ou se encontrava insegura quanto às consequências de uma transformação radical na forma de governo do país, num ambiente marcado pela reação escravista, articulada na campanha pela indenização. Nas eleições para a Assembleia Geral dos Deputados, em 31 de agosto de 1889, esse tema voltou a aparecer com força, pois muitos fazendeiros declararam franquear o voto apenas a candidatos que se comprometessem com a pauta da indenização. "A primazia por eles concedida ao recebimento da indenização a quase tudo sobrepujava, embora apresentassem como reivindicação dirigida a recuperar a economia regional"[56].

Assim, cerca de três meses antes da proclamação da República, a reação senhorial maranhense, com sua ênfase numa suposta ilegalidade da Lei de 13 de Maio, dado que havia infringido o direito de propriedade, estava a todo vapor, munida de um profundo ressentimento contra os libertos e outros negros.

É esse o contexto de lançamento do jornal republicano *O Globo*, no segundo semestre de 1889. Seus diretores, Paula Duarte e Casemiro Vieira Dias Júnior, apresentaram o órgão como sendo imparcial e alheio às lutas partidárias. Entretanto, o periódico expressava a maior simpatia da imprensa de São Luís às ideias republicanas. A coluna "Crimes e Criminosos" foi um campo fértil para o racismo científico. Note-se, por exemplo, a descrição de Jorge Marcos de Moraes, acusado de diversos furtos na capital maranhense:

Não é o celerado que muita gente quis supor, atribuindo-lhe crimes até hoje ignorados.
    Há, porém, ali naquele *specimen* humano a encarnação precisa para um criminoso da pior espécie, atendendo-se aos ensinamentos da fisiologia criminal.
    Demoramo-nos longo tempo a olhar para aquela fisionomia carrancuda, cujo sobrecenho carregado lembra vagamente a onça de nossas matas. O seu olhar é firme, notando-se contudo certo retraimento como se a luz clara do sol não lhe fosse a mais agradável. A testa tem n'a ele estreita e um pouco saliente; os beiços grossos [...].[57]

Embora receptivo às novas ideias científicas que grassavam nas faculdades brasileiras, como a antropologia criminal, o jornal não apresentou nenhuma visão alternativa ao diagnóstico conservador de que o Estado estaria devastado por uma crise da abolição. Um artigo intitulado "A Província" alertava os maranhenses para a situação "sensivelmente perigosa" de sua terra: "não temos um serviço devidamente organizado; nenhuma indústria em próspero andamento, nem sequer, um aparelho mal seguro para contrastar o repentino prejuízo da emancipação do trabalhador negro. Vivemos porque vivemos"[58]. Não sem razão, o jornal republicano saudou, em longo artigo, a eleição de Gomes de Castro, líder da reação escravista no Maranhão, para a Assembleia dos Deputados, elogiando sua longa atuação na Câmara e seu caráter "conservador firme, de ideias conhecidas, que sempre tem defendido com rara coerência [...]"[59] Desse modo, a ideia difundida pelos monarquistas, de que a causa republicana era uma revanche escravista, poderia ser facilmente aplicada aos republicanos maranhenses de O Globo.

A figura controvertida de Paula Duarte, principal redator do jornal e presidente do Clube Republicano de São Luís, também é importante para a compreensão da reação dos libertos e de outros negros frente ao movimento republicano. O tribuno foi o pivô de grande parte dos conflitos de rua envolvendo libertos e outros negros, no segundo semestre de 1889. Seus admiradores o consideravam um "orador, ou melhor, tribuno de feitio romântico, abolicionista e republicano em época que o ser era cobrar rubra fama de demagogo, [que] exerceu influência sobre as multidões como talvez ninguém antes dele no Maranhão"[60]. Entretanto, outras avaliações ponderaram que o tipo de liderança exercido por Paula Duarte foi um dos obstáculos ao desenvolvimento do movimento republicano na província:

Ao Clube de São Luís, ressalte-se que faltou um líder carismático que tivesse prestígio político e que se impusesse por sua própria personalidade. Paula Duarte, combativo jornalista e festejado tribuno popular, não obstante suas ideias liberais viessem dos bancos acadêmicos, ao tempo que frequentava as arcadas da Faculdade de Direito do Largo de São Francisco, em São Paulo, se não as salas do Colégio Pedro II, na Rua Larga, no Rio de Janeiro, só se definiria pela causa, como o vimos, em abril, sete meses antes que a República fosse proclamada. Mas continuava a ser o mesmo boêmio dos tempos de estudante.[61]

Ademais, o nome de Paula Duarte estava indelevelmente marcado pelos horrores do cativeiro, a despeito de sua conversão ao abolicionismo. O advogado, então no Partido Liberal, ficou conhecido em São Luís por sua atuação na defesa da senhora Ana Rosa Viana Ribeiro, mais conhecida como baronesa do Grajaú, acusada de assassinar, de modo perverso, o escravo Inocêncio, menino de apenas oito anos de idade. A repercussão do caso, ocorrido em 1876, foi nacional, pois se tratava da esposa do chefe do Partido Liberal da província, Carlos Fernandes Ribeiro, o barão do Grajaú. Os relatos dos inúmeros ferimentos na cabeça da criança, fora a especulação de que a agressão fatal resultou da introdução de um garfo em seu ânus, escandalizou a sociedade maranhense. Conforme Dunshee de Abranches "o Doutor Paula Duarte, tribuno sem par, produzira uma defesa eloquentíssima que lhe conquistara uma cadeira de deputado, prêmio da família homicida aos seus hábeis esforços"[62]. A baronesa foi absolvida, mas o caso serviu para ampliar o senso comum quanto às injustiças da escravidão no Estado e jamais saiu da memória popular. Não são de se estranhar as reações injuriosas dos leitores, quando *O Globo* publicou uma homenagem ao barão, falecido em setembro de 1889: "hoje, vieram informar-nos que sobre a sepultura do ilustre Barão do Grajaú, de cujo passamento nos ocupamos, foram encontrados, ontem à tarde, cerca de cem exemplares do *Globo*. Esdrúxula lembrança!"[63]

O leitor há de se lembrar do misto de indignação e surpresa que tomou os republicanos de São Luís após o 17 de Novembro. Segundo eles, e boa parte da historiografia posterior, o boato de que a República viria para reescravizar os negros desafiava a lógica mais básica. Entretanto, como vimos no segundo capítulo, a reescravização foi uma experiência concreta no pós-abolição e uma ameaça permanente na vida dos libertos e de outros negros, para quem o cativeiro era muito mais do que uma relação de trabalho. Por outro lado, a crise do Império brasileiro gerou um ambiente propício a enquadramentos interpretativos que mobilizaram as classificações raciais e impulsionaram uma série de conflitos em que libertos e outros negros se levantaram contra os republicanos, dos quais o 17 de Novembro é um desdobramento radical.

A passeata pelas ruas de São Luís, seguida da tentativa de invadir e depredar o jornal *O Globo* – assim como as intervenções das "maltas de homens de cor" contra as conferências republicanas, na capital maranhense –, deve muito, em sua forma de ação, aos confrontos que envolveram a Guarda Negra, no Rio de Janeiro e em Salvador. O então chefe de polícia, Francisco Machado, afirmou que, no confronto de novembro, estava envolvida "uma

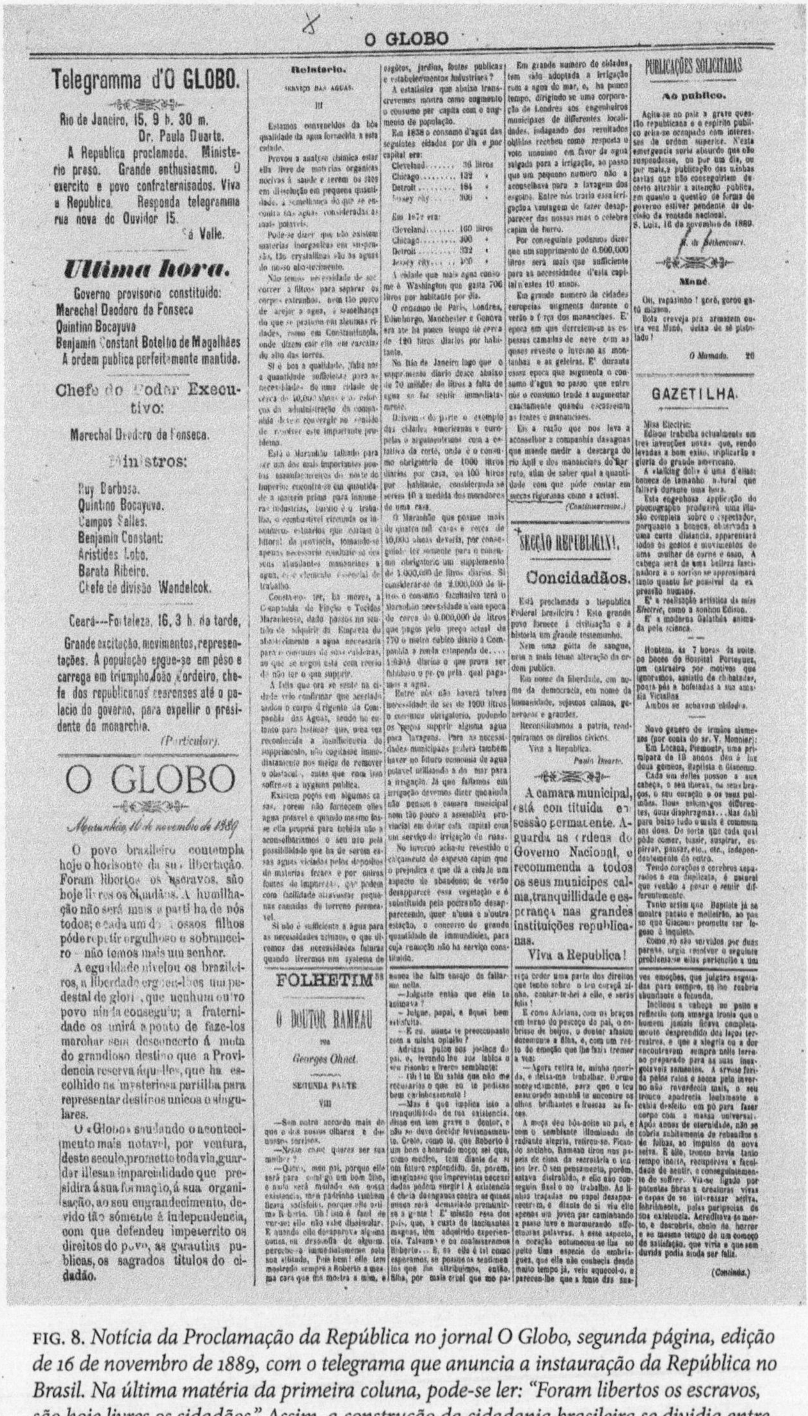

O GLOBO

Telegramma d'O GLOBO.

Rio de Janeiro, 15, 9 h. 30 m.

Dr. Paula Duarte.

A Republica proclamada. Ministerio preso. Grande enthusiasmo. O exercito e povo confraternisados. Viva a Republica. Responda telegramma rua nova do Ouvidor 15.

Sá Valle.

Ultima hora.

Governo provisorio constituido:
Marechal Deodoro da Fonseca
Quintino Bocayuva
Benjamin Constant Botelho de Magalhães
A ordem publica perfeitamente mantida.

Chefe do Poder Executivo:

Marechal Deodoro da Fonseca.

Ministros:

Ruy Barbosa.
Quintino Bocayuva.
Campos Salles.
Benjamin Constant.
Aristides Lobo.
Barata Ribeiro.
Chefe de divisão Wandelcok.

Ceará---Fortaleza, 16, 3 h. da tarde,

Grande excitação, movimentos, representações. A população ergue-se em pêso e carrega em triumpho João Cordeiro, chefe dos republicanos cearenses até o palacio do governo, para expellir o presidente da monarchia.

(*Particular*).

O GLOBO

Maranhão, 16 de novembro de 1889

O povo brazileiro contempla hoje o horisonte da sua libertação. Foram libertos os escravos, são hoje livres os cidadãos. A humilhação não será mais a partilha de nós todos; e cada um de nossos filhos póde repetir orgulhoso e sobranceiro — não temos mais um senhor.

A egualdade nivelou os brazileiros, a liberdade ergueu-lhes um pedestal de gloria, que nenhum outro povo ainda conseguiu; a fraternidade os unirá a ponto de faze-los marchar sem desconcerto á meta do grandioso destino que a Providencia reserva áquelles, que ha escolhido na mysteriosa partilha para representar destinos unicos e singulares.

O «Globo» saudando o acontecimento mais notavel, por ventura, deste seculo, promette todavia, guardar illesa a imparcialidade que presidira á sua formação, á sua organisação, ao seu engrandecimento, devido tão sómente á independencia, com que defendeu impeterrito os direitos do povo, as garantias publicas, os sagrados titulos do cidadão.

Relatorio.

SERVIÇO DAS AGUAS.

III

...

(*Continuaremos.*)

SECÇÃO REPUBLICANA.

Concidadãos.

Está proclamada a Republica Federal brasileira! Este grande povo fornece á civilisação e á historia um grande testemunho.

Nem uma gôtta de sangue, nem a mais tenue alteração da ordem publica.

Em nome da liberdade, em nome da democracia, em nome da humanidade, sejamos calmos, generosos e grandes.

Reconciliamos a patria, reconquiramos os direitos civicos.

Viva a Republica.

Paula Duarte.

A camara municipal, está constituida em sessão permanente. Aguarda as ordens do Governo Nacional, e recommenda a todos os seus municipes calma, tranquillidade e esperança nas grandes instituições republicanas.

Viva a Republica!

PUBLICAÇÕES SOLICITADAS

Ao publico.

S. Luiz, 16 de novembro de 1889.

GAZETILHA.

FOLHETIM

O DOUTOR RAMEAU

por

Georges Ohnet.

SEGUNDA PARTE

VIII

(*Continúa.*)

FIG. 8. *Notícia da Proclamação da República no jornal O Globo, segunda página, edição de 16 de novembro de 1889, com o telegrama que anuncia a instauração da República no Brasil. Na última matéria da primeira coluna, pode-se ler: "Foram libertos os escravos, são hoje livres os cidadãos." Assim, a construção da cidadania brasileira se dividia entre a liberdade dos negros e a liberdade dos brancos. Reagindo a essa publicação, libertos e outros negros realizaram o protesto que culminou no Massacre de 17 de Novembro.*

porção de pessoas, em sua maior parte libertos [...] a mesma [gente] que não vota boa vontade ao Sr. Paula Duarte, desde suas preleções republicanas no Hotel de França"[64]. Vale destacar que as afinidades e as relações entre os republicanos maranhenses e os ex-senhores de escravos mobilizados pela campanha da indenização tornaram plausível a interpretação, difundida pelos monarquistas, de que ambos atuavam contra os direitos conquistados por meio da Lei Áurea. No dia 16 de novembro, o jornal *O Globo* anunciou o sucesso do golpe de Estado (Fig. 8). Paula Duarte convocou imediatamente, para o dia seguinte, uma nova conferência republicana, com o intuito de dar a notícia ao povo. Estavam marcadas a data e a hora do conflito.

4. O Massacre

Em 17 de novembro de 1889 – dois dias após a proclamação da República –, um conflito opôs libertos e outros negros à tropa de linha do exército, na cidade de São Luís. A principal característica das fontes, crônicas e análises que, desde então, versaram sobre o evento em diferentes momentos é a luta simbólica para definir se houve ou não um massacre de gente do povo, naquela data. Tais escritos constituem uma arena de disputas. Conforme a argumentação do historiador Mario Meireles, a frieza com que o novo regime foi recebido no Maranhão se deveu à "circunstância de, na boca do povo, ter ocorrido tal incidente, aliás sem maior gravidade, como se houvera sido um massacre – os fuzilamentos do dia 17, dizia-se"[1]. Para esse autor, e aqueles que concordam com sua interpretação, seria preciso restabelecer a "verdade histórica" por escrito, a fim de desacreditar a boataria das pessoas comuns, transmitida através da oralidade. Numa análise mais recente, o historiador Carlos de Lima é ainda mais enfático do que Meireles: "o incidente dos pretos criou certa importância na boca do povo, transformando-se em *O Massacre de 17 de Novembro*"[2]. Na visão desses analistas, o propalado massacre não passaria de uma invenção do imaginário popular.

De fato, a historiografia tradicional desconsiderou a questão a ser interpretada neste capítulo, que indaga por que a ideia de massacre fez tanto sentido para o mencionado "povo" que a incorporou à expressão de suas memórias e vivências em torno da instauração do regime republicano no Brasil. Refiro-me, em especial, aos negros. O argumento aqui desenvolvido é que os rumores que circularam entre os libertos e outros negros na cidade – primeiro, sobre a possibilidade do retorno à escravidão e, depois, sobre a ocorrência de um massacre – faziam sentido. Afinal, os entendimentos dessas pessoas remetiam-lhes a uma experiência de coerção e subordinação de longa data que, no imediato pós-abolição, era mediada pelo emprego de conhecidas classificações de cor, que lentamente adquiriram significados raciais durante o século XIX.

Para demonstrar essa tese, proponho reconstituir os acontecimentos do 17 de Novembro, fazendo referência à luta simbólica para definir suas causas, seus principais agentes e o caráter da ação dos militares que lançaram mão de violência letal no confronto. Essa perspectiva permite notar que a circulação de mensagens "boca a boca", de boatos e de rumores, em meio aos libertos e outros negros, constitui uma peça-chave dos acontecimentos. A discussão em torno do embate – empreendida pelas autoridades da época e, depois, pelos cronistas e historiadores – consiste em tomadas de posição frente a tais rumores e seus desdobramentos. Todos os agentes e observadores do evento notaram que o problema começou quando se espalhou o boato de que a República teria sido proclamada para anular a Lei Áurea. Depois do conflito com o exército, a tensão permaneceu na memória coletiva. Como se queixaram alguns historiadores, no "boca do povo", o abuso da violência foi sentido e transmitido como um massacre. "Os fuzilamentos do 17 dizia-se."[3] Os rumores estão, portanto, no centro dessa história.

De acordo com Ranajit Guha, em *Elementary Aspects of Peasant Insurgency in Colonial India*, nas chamadas sociedades pré-industriais e pré-capitalistas, o rumor está profundamente relacionado às formas de comunicação e insurgência subversiva entre os grupos sociais iletrados. Se os ambientes propícios à proliferação de rumores se fortalecem nos momentos de tensão social, muito do poder simbólico desse discurso emerge do seu teor anônimo. A condição necessária da oralidade faz com que esses discursos à boca pequena constituam um aspecto fundamental da identidade social e cultural dos grupos subalternos, como parte indissociável de suas formas de contestação. Nos termos de Ranajit Guha:

Pois a necessidade de alfabetização numa sociedade pré-capitalista faz sua população subalterna depender quase exclusivamente de sinais verbais visuais e não-gráficos para a comunicação entre os seus e, entre esses dois, ainda mais dos segundos, devido ao grau relativamente maior de sua versatilidade e compreensibilidade. Mas isso também se dá em virtude de seu caráter como um tipo de discurso ao qual o rumor se adequa como o veículo de insurgência mais natural e de fato indispensável.[4]

Como efeito, em lugares como a São Luís de fins do século XIX, a maioria da população dependia da transmissão oral de notícias, para ter informação. No pós-abolição, ainda se vivia num mundo do trabalho manual e humilhante, geralmente desempenhado pelos libertos e outros negros; ainda se obedecia às ordens de alguém que falou, ou mandou dizer. A palavra dita possuía enorme autoridade simbólica e, por essa razão, o poder senhorial escravista pode, em grande parte, ser simbolizado como uma voz forte, que deveria ser acatada sem contestações. Conforme a memória oral, nos antigos terreiros de religiosidade africana da cidade – como A Casa das Minas e a Casa de Nagô, que remontam a fins do século XVIII –, certas palavras eram sagradas e a oralidade perfazia um vasto sistema mágico de autoridade espiritual. Os tipos de lazer detratados como coisas de pretos e de pobres, como o tambor de crioula, os bumbas, os chinfrins e os sambas, estavam inteiramente codificados em formas não escritas, ou seja, formas visuais e orais de socialização. Nesses contextos, os rumores não apenas transmitiam os medos e as esperanças em torno dos eventos, mas também constituíam a própria forma dos acontecimentos[5].

Não sem razão, como assinala Ranajit Guha, em sua obra já citada, o exercício do poder sobre os grupos subalternos, frequentemente iletrados, se vale do conhecimento e do controle dos rumores que circulam em meio à gente do povo. Na São Luís pós-abolição, a batalha simbólica em torno das causas do 17 de Novembro esteve marcada pelas suspeitas e intrigas quanto às origens do boato de que o regime republicano iria restaurar o cativeiro. Quatro anos após o incidente, dois subdelegados de polícia, Marianno Leda e Antonio Rodrigues de Mello, foram aos jornais para protestar contra as acusações de que eles teriam sido os responsáveis por "uma *história d'embustes*, que [se] diz terem sido espalhados entre os libertos por meio de *agentes* do chefe de polícia para excitar o povo, assoalhando entre este que a república só tinha por fim anular a lei de 13 de Maio para fazer voltarem os libertos à escravidão!"[6] No texto que escreveu, Marianno Leda se defendia afirmando que, por força dessas conhecidas invenções, ele tinha sido obrigado a fugir da capital maranhense com a família após a instauração da República e que os boatos também haviam provocado a prisão de pessoas honradas durante o governo da junta provisória[7]. Antonio Rodrigues de Mello, por sua vez, aproveitava para expor sua própria versão dos fatos:

Se alguém espalhou entre o povo para concitá-lo à desordem essas sandices não foi, de certo, a polícia, que se conservou sempre correta em seu posto, procurando manter a ordem.
 E, incontestavelmente, nada teria acontecido, nenhuma efusão de sangue teria havido, tudo teria ocorrido pacificamente se não fosse a imprudência de um homem, que queria desde as primeiras incertas notícias da revolução tomar conta do governo convidando o povo na manhã do dia 17 para uma reunião na casa Câmara Municipal (que lhe havia negado na véspera a posse do governo) e, depois, como esta mandasse fechar o seu edifício para evitar desordens que se previam, com a reunião para o *Globo*.
 Não era o Maranhão que faria a República [...] e se não fora aquela precipitação, aqueles convites, nenhuma desgraça teria havido a lamentar.[8]

O relato do antigo subdelegado, assim como todas as descrições realizadas por pessoas contemporâneas aos conflitos, narram os acontecimentos como tendo sido de enorme gravidade. O 17 de Novembro fora uma "efusão de sangue", uma verdadeira "desgraça". O texto é também um indício de que, nos primeiros anos após o incidente, os rumores em torno da ocorrência de um massacre, ou pelo menos do uso extremo de violência naquele embate, ganharam o senso comum. Rodrigues de Mello dá corpo à hipótese de que a situação periférica do Maranhão frente às mudanças políticas do país foi decisiva para a criação de um ambiente de incerteza bastante tenso, propício à proliferação de boatos anônimos e incendiários, entre os de baixo. Para o agente de polícia, a precipitação de Paula Duarte em tomar o poder, divulgando, já no 16 de novembro, as notícias do golpe de Estado que tivera lugar no Rio de Janeiro, fora a principal causa dos distúrbios ocorridos.

A troca de acusações entre membros do corpo de polícia e os republicanos do jornal *O Globo* teve início pouco depois do incidente. No dia 19 de novembro de 1889, quando o diário conseguiu voltar às ruas, lançou a seguinte nota:

Os acontecimentos do dia 17 vieram nos encher de tristeza, não pelos atos praticados contra nossa tipografia, que indicam apenas faltas naturais no nosso povo, principalmente nos libertos, entrados há pouco no regime da liberdade, e que ainda não podem conhecer bem os seus direitos e deveres, mas pela maneira pouco correta do funcionalismo policial.

Anunciada uma reunião em que iria falar ao povo o cidadão Paula Duarte, cidadãos menos refletidos começaram a insuflar o povo, que foi se reunindo em grupos pela cidade, dando vivas ao governo caído, e percorrendo as ruas em gritas descompassadas.

Alguns grupos postaram-se defronte da nossa tipografia a fazer ameaças e lançando pedras para o interior do edifício.

No prédio fronteiro achavam-se diversas autoridades policiais, que se mostraram indiferentes aqueles atos de selvageria inqualificável."[9]

A ação dos indivíduos que espalharam tais boatos entre os libertos também é decisiva nesse relato que condena o indiferentismo das autoridades policiais frente às agressões que aconteceram diante da redação de *O Globo*. A visão desses republicanos sobre o povo e os libertos, encarados como uma categoria à parte de pessoas, enfatiza aquilo que os autores consideram um despreparo natural desses coletivos de subalternos para a cidadania. A imagem do protesto popular é aquela da irracionalidade incontida, dos descompassos, da desordem, da selvageria inqualificável. O destaque aos "vivas ao governo caído" infere que o monarquismo foi uma motivação para as manifestações de hostilidade contra a folha republicana.

Nessa versão dos fatos, os incidentes do dia 17 foram lamentáveis, mas passageiros; o abuso da violência, por parte do exército, não é destacado. "Pelas oito horas, depois de alguns discursos imprudentes, o povo, abandonado pelos seus agitadores, atacou a tipografia, sendo debandado pela força. É de se lamentar que se tivessem dado algumas mortes e ferimentos. Tudo porém está passado, cumpre serenar os ânimos e conservar a ordem."[10] Não teria havido, assim, um massacre, mas simples debandada de gente do povo, com alguns mortos e feridos. É preciso olhar com maior atenção para tal argumento. A inabilidade das autoridades é apontada por alguns cronistas e historiadores como uma das principais causas para os acontecimentos do 17 de Novembro. Contudo, a defesa das ações da polícia, realizada pelo delegado Francisco Machado, ajuda a perceber os fatos sob o ponto de vista de um agente profundamente implicado naquela operação, além de conhecedor dos bastidores do evento:

Em 17 de novembro próximo passado era eu chefe de polícia desta então província do Maranhão. Às 9 horas da manhã tive notícia por um boletim, que me chegou as mãos, que o Dr. Paula Duarte às 11 horas desse dia faria uma conferência republicana, e iria depois disso tomar conta do governo provisório.
   Constando-me, porém, que uma porção de pessoas, em sua maior parte libertos, a mesma gente, que na véspera eu fizera retirar do Largo do Palácio, da frente do paço da Câmara Municipal, a mesma, que não vota boa vontade ao Dr. Paula Duarte desde suas preleções no Hotel de França, pretendia desfeiteá-lo por ocasião dessa conferência, pedi ao empregado da minha repartição, o Sr. Aragão Neves, que fosse a redação do *Globo* dizer de minha parte (não à tipografia), mas ao Dr. Paula Duarte –, que eu lhe pedia como amigo, como colega e como chefe de polícia, que deixasse de efetuar a conferência anunciada, afim de evitar que a ordem pública fosse perturbada, pois a força de que eu dispunha, com exceção da tropa [de] linha que estava aquartelada, talvez fosse insuficiente para mantê-la.
   Tive como resposta, pouco delicada, é exato, mas *tranchant – que ele me ordenava que eu mandasse pôr à sua disposição em frente ao Palácio toda força de polícia porque às 11 horas ele iria assumir as rédeas do governo provisório.*
   Em todo caso entreguei o policiamento da cidade às autoridades subalternas e retirei-me para palácio, afim de esperar o novo governador.[11]

O ex-chefe de polícia confirma que, em pleno 16 de novembro, quando *O Globo* noticiou a proclamação da República, um grande grupo de libertos dirigiu-se ao Largo do Palácio, a fim de confirmar a veracidade das informações sobre a queda da Monarquia brasileira. Francisco Machado enfatiza tratar-se da mesma gente que ameaçava empastelar as conferências republicanas de Paula Duarte, poucos meses antes da instauração do novo regime, fortalecendo o argumento desenvolvido anteriormente, de que ambiente político para o conflito de novembro já estava armado, em especial, pela mobilização de classificações raciais no campo da política. O relato do antigo delegado revela que, mais do que simples indiferença do corpo de polícia frente à ameaça de depredação de *O Globo*, houve conflito de autoridade entre Francisco da Cunha Machado e Paula Duarte, visto que o político não aceitou receber os conselhos do delegado. Tal intransigência, como revelam os apontamentos do capitão José Milanez, deveram-se ao acordo prévio entre o presidente da província, o chefe do exército – o major J.L. Tavares – e alguns vereadores para que a Câmara proclamasse Paula Duarte governador do Estado[12]. Mas o fato é que, no dia 16 novembro, a Câmara negou o governo ao tribuno republicano e o presidente da província não se pronunciou, deixando de confirmar os acontecimentos do Rio de Janeiro. Assim, não houve respaldo institucional algum, nos dias 16 e 17 de novembro, para as pretensões dos republicanos que, liderados por Paula Duarte, desejavam consumar o golpe de Estado no Maranhão. O conflito de autoridade aí ensejado favoreceu a proliferação de rumores entre os libertos e outros negros, bem como a mobilização popular.

A luta entre os republicanos de *O Globo* e os dirigentes do corpo de polícia, somada à ênfase na relevância dos rumores e à conjugação entre raça e violência pode confundir o leitor, em meio à descrição da sucessão dos acontecimentos. O relato mais completo dos episódios que antecederam a instauração da República em São Luís foi publicado no jornal *O Novo Brazil*. É um texto longo, que permite ter uma visão panorâmica e integrada dos acontecimentos, segundo a perspectiva dos republicanos da cidade – seus narradores. O excerto a seguir inicia-se após a publicação das notícias do Rio de Janeiro:

A capital conservou-se todo o dia 16 em estado de sitio. O presidente da província desembargador Tito Augusto Pereira Mattos continuou ilegalmente no palácio a despachar.

A Câmara Municipal [...] reuniu-se em sessão permanente para o governo da província, os acontecimentos e para esse efeito dirigiu-se em telegrama ao poder competente.

O 5º Batalhão de infantaria, comandante o tenente-coronel João Luiz Tavares, conservou-se em pé de guerra.

Acompanhado de grande massa do povo o cidadão Paula Duarte dirigiu-se a Câmara Municipal e em nome do povo intimou a municipalidade que se pronunciasse. Esta declarou que nada poderia resolver, antes da resposta da consulta dirigida à corte. Então o povo aclamou presidente da República o Dr. Paula Duarte, que sempre seguido de enorme acompanhamento, tomou o caminho do quartel do 5º batalhão, onde foi conferenciar com o comandante que nesse momento se achava em sessão com sua oficialidade.

Explicando-se com o Dr. Paula Duarte, o tenente-coronel Tavares declarou peremptoriamente que nada podia fazer enquanto não obtivesse resposta do poder competente sobre a consulta que relativamente ao que se passava, fizera para o Rio de Janeiro.

Depois de muita delonga, pelas 2 horas da madrugada retirou-se na melhor ordem o povo, aguardando a manhã.

Tendo o cidadão Paula Duarte convocado o povo para fazer uma conferência no paço da Câmara Municipal, esta fechou às 11 horas do dia, pelo que decidiu-se a fazê-la no edifício O Globo, de que é redator, a rua 28 de Julho, beco do Viramundo.

Alguns indivíduos mal intencionados deram-se ao trabalho de fanatizar as massas inconscientes, açulando entre os libertos de 13 de Maio que o dr. Paula Duarte e a República os queria escravizar e matar a princesa que os tinha libertado.

Estes impelidos pela ignorância e insinuação de mal conselheiros começaram a sitiar o edifício onde se achava o Dr. Paula Duarte para fazer a conferência anunciada.

Por entre vaia e gritaria selvagens começaram por apedrejar o edifício, quebrando-lhe as vidraças das janelas e a tabuleta onde se inscreviam as notícias vindas do Rio e outros lugares.

Um destacamento de 25 praças comandados pelos tenentes José Augusto Gronwell e Firmino Raymundo dos Santos Reis conseguiu dissolver o ajuntamento, depois do que se recolheu ao quartel.

Vendo a população que a força se recolhera, tornou a carga.

Achando-se quase só por que muitos dos seus amigos se haviam despedido já o dr. Paula Duarte mandou solicitar de novo ao comandante do 5º Batalhão, lhe mandasse algumas praças para lhe garantirem a vida que estava sendo ameaçada.

Então, pelas 5 horas da tarde desceu um destacamento de 12 praças dirigidos pelo alferes Antonio Raimundo Bello e o sargento João Pedro Travassos.

Insistentemente, propalou-se durante o dia que uma malta de pescadores, libertos de 13 de Maio e mais homens do povo, insuflados de ideias criminosas, preparavam-se para atacar durante a noite o edifício da rua 28 de Julho.

Enquanto se deslizava em sua marcha para um fim tão iníquo essa caterva fanatizada, dois amigos do dr. Paula Duarte entravam no quartel do 5º Batalhão e solicitaram do comandante um novo reforço para proteger a existência ameaçada daquele cidadão.

Com efeito, às 7 horas da noite desfilava do bairro do Desterro uma enorme coluna de povo dos quais alguns armados de revólveres, facas, paus e calhaus, dando vivas ao governo decaído, ao monarca, à princesa Isabel e ao conde d'Eu, cujo número ia crescendo durante o trajeto, e passou pela rua da Palma, Direita, Formosa, Sant'Anna, Passeio, frente do quartel do 5º Batalhão, e onde fizeram-se oradores populares incitando-os ao ataque.

Após essas arengas, enfurecida e eletrizada compacta massa dos revoltados precipitou-se pela descida do Viramundo atirando pedradas e tiros de revólver sobre os que achavam nas janelas.

Nesse momento, achavam-se em companhia do cidadão Paula Duarte os seguintes: Dr. Casemiro Vieira Dias Junior, Satyro Antonio de Faria, Tancredo Cordeiro, O. Silveira, E. Monturoyo, J. Picot, E.N. da Costa Guimarães.

Vendo um semelhante ataque brusco e traiçoeiro, o alferes Antonio R. Bello dirigiu-se aos assaltantes, pedindo-lhes que não insistissem no seu projeto, mas foi desrespeitado e imediatamente foram feridos dois soldados: João Bezerra Cavalcante e Francisco de Souza Lima, e os cabos da esquadra João Martins de Oliveira, Antonio Alves da Silva e o 2º João Pedro Travassos.

Com uma calma e prudência extraordinárias o Alferes Bello mandou fazer fogo para o ar.

Isto açulou e enfureceu mais os sediciosos, pelo que o alferes viu-se forçado a dar voz de fogo, do que resultou caírem três mortos assaltantes ficando vários feridos.[13]

Conforme argumentou José Murilo de Carvalho[14], o fato de as reformas sociais e políticas brasileiras no século XIX serem conduzidas por uma elite centralizadora, sem o concurso da participação popular, criou na gente comum sentimentos que vão da indiferença à hostilidade manifesta. O relato de *O Novo Brazil* reforça o argumento de que a posição periférica do Maranhão na política brasileira foi essencial para os embates de novembro de 1889, em São Luís. O acirramento da tensão política na cidade seria uma consequência da completa imobilidade das autoridades políticas, que não tomaram qualquer posição frente às decisões da capital do Império, escapando-lhes ao controle a direção dos acontecimentos. Isso teria ampliado a margem de influência de rumores sobre a população acerca dos significados da Proclamação da República.

Contudo, em termos factuais, conforme reclamaram os chefes de polícia, não foi de pouca monta o papel desempenhado pela intransigência de Paula Duarte em seus anseios de tomar o poder, num contexto de enorme subserviência institucional à direção monárquica da capital do país. À exceção da pitoresca "aclamação" do tribuno como governador pelo povo, divulgada pelo jornal, nenhuma autoridade maranhense constituída se viu na posição de tomar decisões, sem o respaldo do Rio de Janeiro. E a despeito do esforço a narrativa dos republicanos para afirmar o contrário, as ações de Paula Duarte foram tomadas como ilegítimas por todos os agentes envolvidos no processo. O corpo de polícia, como vimos, negou-lhe as solicitações. A Câmara Municipal fechou mais cedo para impedir sua conferência republicana. O exército não aceitou tomar o poder pelas armas, antes de ter ciência do sucesso de Marechal Deodoro na Corte. Conforme declarou o capitão José Milanez, que esteve ao lado de Paula Duarte em todos esses acontecimentos, no fim da noite de 16 novembro o tribuno republicano "sentia-se coagido pelas ameaças dos libertos de 13 Maio, já abandonado pela Câmara e pelo 5º BM [Batalhão Militar], sem o povo que continuava indiferente"[15]. Assim, tudo indica que a ausência de um líder republicano com ampla legitimidade política impediu que a tomada do poder ganhasse, naquele contexto, ares de revolução palaciana, livre de interferência popular.

O texto nos permite elaborar o mapa do protesto, assim como esclarecer que as manifestações do 17 de Novembro tiveram dois momentos importantes e distintos. O primeiro deles aconteceu no fim da manhã e envolveu a reação contra a conferência marcada para o meio-dia, no prédio do jornal O Globo. O capitão Milanez informa, nos seus apontamentos, que pelo fim da manhã "já constava no quartel que um grupo de libertos em número superior a 500 havia se postado entre o escritório do Globo e a Câmara Municipal em manifestação hostil ao Paula Duarte, contra quem dirigiam doestos e ameaças"[16]. José Picot, proprietário do Hotel de França, também relatou que "na manhã de 17 do corrente, depois de hastear no Hotel França o pavilhão republicano, fui furiosamente agredido no mercado público por um grupo de indivíduos que gritavam possessos: Viva a Monarquia, morra o Paula Duarte, morra o Picot; esfolemos este republicano"[17]. A despeito do clima tenso, a tropa de linha encarregada de proteger o edifício conseguiu demover os protestantes sem fazer uso da força.

Essas manifestações que ocorreram na parte da manhã, em especial a movimentação popular nas cercanias do mercado,

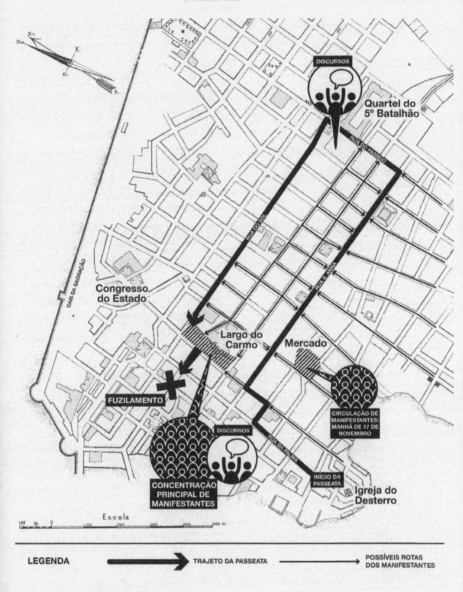

FIG. 9: *Mapa ilustrativo da movimentação popular que resultou no Massacre de 17 de Novembro em São Luis, no Maranhão, elaborado segundo J.J. Ferreira, "Planta da Cidade de São Luís"; A. Marques, A Nova Aurora; J. Picot, "Salve Brazil"; O Novo Brazil; J.L. da S. Milanez, Apontamentos Escritos pelo Capitão do Exército José Lourenço da Silva Milanez. Concepção e criação de Matheus Gato e Luiza De Carli.*

bem como aquela que, iniciada no começo da noite, oriunda do bairro do desterro, somou-se ao grande *meeting* do Largo do Carmo, reforçam as fontes já mencionadas sobre o perfil racial dos manifestantes. A região do desterro e os bairros adjacentes concentravam a maior parte da população de cor que habitava o perímetro urbano de São Luís desde a década de 1870[18]. Nesse sentido, é que as possíveis rotas dos manifestantes que alimentaram o protesto são aqui interpretadas como vindo daquela porção da cidade em direção ao Largo do Carmo e ao trajeto da passeata conforme descrito nas fontes. Não sem razão, Astolfo Marques, em seu relato, anota que os manifestantes "transitaram por *bairros estreitos e íngremes*, e a cauda acrescia, à medida que por maior número de ruas girava o préstito apupante"[19].

O mapa também nos permite compreender melhor as dimensões do protesto que tomou as principais ruas do centro da cidade e, como não escapou ao olhar dos republicanos, no qual realizaram-se discursos em frente ao quartel. Dado que reforça a interpretação de que os militares permaneceram colaborando com a situação monarquista durante todo aquele dia ou, ao menos, aguardando que fossem confirmadas as notícias sobre o golpe de Estado no Rio. Por outro lado, a ocorrência desses discursos, sem suscitar qualquer intervenção, talvez denote, como afirmam alguns cronistas, que o protesto possuía um caráter pacífico, malgrado tenha sido pontuado por tensões ao longo do dia. Aliás, essa foi a primeira impressão do capitão Milanez quando se deparou com a multidão:

Sigo à Rua do Sol em direção ao quartel e já quase a meio encontro um grupo enorme de libertos que subia a mesma rua de archote em punho e dando vivas à Monarquia. Paro e quero voltar ao *Globo* quando o grupo toma direção diferente e eu pude avaliar em 2 a 3 mil homens, convencido ser apenas passeata que faziam, pois que a direção que tomavam me induziu a isso.[20]

Era muita gente. Mesmo que porventura o militar tenha exagerado, se imaginarmos uma manifestação com metade das pessoas aventadas, este ainda seria um protesto gigantesco para uma cidade como São Luís, no fim do século XIX. Naquele momento, o militar considerou "não ser hostil aquele ajuntamento, pareceu-me um simples protesto travado a conta de gratidão àquela a que atribuíam a sua carta de liberdade concedida em 13 de Maio"[21]. O simbolismo da luta contra a escravidão era forte. O protesto concentrou-se no Largo do Carmo, onde se localizava o Pelourinho de São Luís. Havia sido ali também que muitos desses homens e mulheres estiveram comemorando a Abolição, pois do Largo Carmo saiu a passeata dos libertos no dia 15 de Maio de 1888[22]. Assim, no dia 17 de novembro, as memórias do cativeiro e sua redenção estavam, por assim dizer, à flor da pele.

Para os republicanos de *O Novo Brazil*, como vimos no excerto citado linhas acima, não houve nenhum massacre de libertos e outros negros. Na matéria, a construção da legitimidade do uso da força vem carregada de estereótipos raciais. Na verdade, em todo o relato a inevitabilidade do desfecho violento vai se construindo pela contraposição entre a ignorância, a gritaria selvagem, as ideias criminosas dos libertos de 13 de Maio, da populaça, contraposta à coragem de um romano, atribuída a Paula Duarte, e à calma e prudência extraordinárias do alferes Antonio Raimundo Bello. Escrito dessa forma, aliás, o artigo poderia levar seus leitores a pensar que, não fosse a extração social e racial dos manifestantes, a ordem de fuzilamento seria desnecessária.

O relatório do próprio alferes Bello destaca esse aspecto, mas sua ênfase recai sobre a desproporção entre sua pequena tropa, ainda que fortemente armada, e o grande número de pessoas do povo. Embora o militar descreva sua atitude com laivos de heroísmo, também torna visível a força do boato e do medo, quando afirma que foi "avisado por vários cidadãos de que numerosos grupos armados dirigiam-se à força para atacá-la. Com efeito, [em] ato contínuo uma enorme multidão de homens armados de revólveres, paus, pedras e garrafas, começaram a encher as ruas"[23]. A linguagem do alferes conjuga os preconceitos sobre o povo ao imaginário da insurreição, descrevendo os manifestantes como amotinados, uma multidão, grupos armados e revoltosos que teriam abalado a ordem e a tranquilidade de São Luís, caso tivessem sucesso no ataque aos republicanos:

dei ordem aos praças que dessem alguns tiros para o ar, com o fim de intimidá-los, mas como supusessem os amotinados terem sido os tiros de pólvora seca, como em gritos declaravam arremessando-se contra a força, maltratando as praças e ferindo cinco delas e convencido de que a pequena força de que dispunha ia ser esmagada pela multidão dos revoltosos que era extraordinariamente grande, ordenei uma descarga à bala, resultando caírem três mortos e alguns feridos. Incontinente começou a debanda do povo em fuga em todas as direções, restabelecendo-se a ordem e tranquilidade dos habitantes da cidade, graças à disciplina, coragem e sangue frio dos praças sob meu comando[24].

Conforme essa perspectiva, um massacre foi evitado: o dos militares e o dos republicanos do jornal. Mas tal versão simplesmente não convenceu, e o alferes foi destituído do cargo assim que se dissolveu a junta governativa maranhense – governo provisório que durou menos de um mês, terminando em 17 de dezembro de 1889, e que contava com Paula Duarte entre seus membros. Os rumores sobre o Massacre de 17 de Novembro ganharam o senso comum na "boca do povo". Mesmo os historiadores que minimizaram a importância do conflito o fizeram em confronto aberto com as versões populares. É digno de nota que os três principais relatos memorialísticos e ficcionais lançados na Primeira República sobre o episódio narrem esse embate do ponto de vista do povo, condenando ou lamentando o uso da violência e – o mais importante – visando conferir inteligibilidade às motivações e à organização do protesto de libertos e de outros negros. Tais textos são centrais para compreender, a despeito da visão dos seus autores, como a questão racial impregnou a ideia de um massacre.

Nesse sentido, um dos relatos mais interessantes sobre o tema foi escrito por Viriato Correa e incorporado ao livro *O Brasil dos Meus Avós*. Toda a produção literária e ensaística do escritor maranhense dedica-se à história do país e denota sua filiação ao regionalismo, que já se manifesta em seus primeiros livros de contos. A crônica "Pela Redentora" – parte do livro citado acima dedicada ao 17 de Novembro – integra esse universo de predileções. O autor justifica seu interesse pelo caso por sua nota excepcional, pois "de norte ao sul do país as juntas governativas organizaram-se tranquilamente, festivamente, com discursos e salvas, diante da turba surpreendida que parecia nada entender daquilo. Só no Maranhão [...] se derramou algum sangue em hostilidade à República"[25]. Correa julga que o desfecho violento do incidente era inevitável, dada a existência de uma "turba ululante, numerosa, eletrizada, decidida a morrer em defesa da deusa redentora"[26], em contraposição a uma força de poucos praças, na guarida do jornal. Mas ele também considera aquela página da história "ingenuamente pura no fundo", pois as motivações dos negros calavam fundo na memória da escravidão e na gratidão pela princesa Isabel. Em suas palavras:

O Maranhão entre as terras perras da quadra do cativeiro, foi uma das mais ásperas e mais ferozes. A história da escravatura maranhense é profundamente comovedora e dolorosamente lancinante. O 13 de Maio foi lá, mais que em qualquer outra parte, uma data redentora. Os negros não viram na abolição uma consequência lógica da marcha evolutiva do país, mas unicamente um gesto caridoso da princesa Isabel.

A princesa ficou-lhes na memória e no coração como uma figura paradisíaca, resplendente de poder e de bondade, uma deusa intangível, vivendo num céu dourado que eles religiosamente conheciam pela denominação de "corte". Para princesa tudo! Tudo pela princesa! – a alma, a ternura, o coração, o sangue, a vida![27]

O autor enfatiza uma dimensão emotiva, não racional, para conferir inteligibilidade ao protesto. Mas troca os sinais negativos com que a ação dos libertos e de outros negros aparece nas fontes republicanas da época, para valorizá-la como uma espécie de ato que Gilberto Freyre descreveria como "gratidão ativa"[28]. O ponto forte da interpretação de Viriato Correa é sua ênfase na força do cativeiro e nas memórias que deixou para os libertos e outros negros, no pós-abolição. Esse dado se torna tanto mais importante quanto mais percebemos que os significados da escravidão transcendem o mundo do trabalho.

Entretanto, conforme exposto no segundo capítulo deste livro, desde meados do século XIX, uma combinação entre os processos de emancipação e de racialização marcou a derrocada da escravidão maranhense, definindo a própria configuração do pós-abolição. Assim, o medo do cativeiro que diversas fontes apontam como a motivação central para os protestos do 17 de Novembro de 1889, provavelmente não se refere apenas à memória individual e coletiva de experiências passadas, mas a uma gama de violências físicas e simbólicas, evocadas pela ressignificação racial das classificações de cor. Não se deve esquecer que os períodos de mudança social são contextos complexos, nos quais novas categorias emergem – a raça, articulada pelas teorias do racismo científico – e categorias mais antigas são mobilizadas para dar sentido a experiências novas ou diferentes, atualizando relações sociais arraigadas, caso da categoria "cativeiro", por exemplo. O medo do cativeiro pode ser, assim, um sentimento que também expressa o desconforto com uma realidade diferente e nova de subordinação racial.

Outro relato importante consta do livro *Memórias de um Histórico*, de Dunshee de Abranches. A perspicácia do autor na interpretação dos fatos é notável. Em primeiro lugar, como se observou no primeiro capítulo, ele destaca que os episódios de São Luís pertencem a um contexto mais abrangente, nacional, de tensão entre os republicanos e os libertos e outros negros, no ano de 1889. Abranches considera os conflitos entre Silva Jardim e a Guarda Negra, ocorridos em Salvador, em junho daquele ano, como um antecedente do 17 de Novembro em São Luís. Em segundo lugar, o escritor observa a influência, sobre os rumos da mobilização popular, do caráter periférico do Estado e da imobilidade institucional de todas as autoridades constituídas: "Os libertos saíram para as ruas, desconhecendo o que se passava no resto da nação, sem governo que os esclarecesse, sem polícia que os contivesse, eles eram grandes magotes, espalhavam-se por toda a cidade, saudando a redentora e a Monarquia."[29] Diferentemente da maioria dos relatos da época (o autor publica seu livro cinco anos após o incidente), esse texto sugere fortemente que as pessoas tinham todo o direito de ocupar as ruas e que, se havia anarquia, ela resultava de uma inépcia das autoridades.

Não é de se estranhar que o memorialista tenha realizado as mais duras críticas à atuação dos militares no evento, pois, conforme afirmou, as ações dos libertos e de outros negros "eram pacíficas; e, se se ouviram gritos sediciosos, os populares não praticaram uma só violência ou desacato"[30]. Com efeito, apenas o relatório do alferes Bello menciona que houve enfrentamento com "grupos armados de revólveres"[31], a descrição dos feridos de sua tropa menciona que houve pessoas atingidas por objetos facilmente encontrados nas ruas, mas não por armas de fogo. Já Dunshee de Abranches narra um verdadeiro massacre:

> um contingente de tropa, jamais se tendo apurado se houvera ou não sido solicitado para manter a ordem, chegou ao lado da ladeira; e, de longe, sem a precedência das intimações do estilo, descarregou suas carabinas Comblain sobre toda aquela gente desarmada, não podendo deixar de causar em tão imenso alvo um terrível morticínio!

A multidão dispersou-se espavorida por todas as ruas circunvizinhas, desfazendo-se em um alarido desesperado. Somente, no meio dos mortos e feridos, um homem ficara de pé: que conduzia a bandeira do Império. Era um negro; devera a liberdade à Lei de 13 de Maio; e, ao ver os soldados descerem em perseguição dos fugitivos, arrancou da haste a flâmula auriverde e, enrolando-se nela, com o peito já crivado de balas, com a voz resoluta bradou: – Viva a princesa redentora, viva a Monarquia! Intimado a entregar-se, resistiu. Ferido de novo, coberto de coronhadas, foi rolando ladeira abaixo, sempre envolto no seu pavilhão querido; e, já na extremidade da descida, quase exalando o último suspiro, ainda teve forças para erguer-se a meio e gritar: Viva a redentora![32]

Dunshee de Abranches tem sido a principal fonte memorialística sobre a sociedade maranhense dos anos 1800 e, acredito, a permanência do problema relativo ao 17 de Novembro entre os historiadores se deve à enorme autoridade dos seus escritos. Para o autor, mais do que as memórias coletivas do cativeiro, teria sido a devoção à princesa Isabel, a mitificação da redentora no imaginário dos libertos e de outros negros, a principal motivação do protesto ou, ao menos, a principal motivação de alguns de seus presumidos líderes, atingidos na linha de frente. Entretanto, se o entendimento da abolição como uma dádiva bondosa da família imperial fazia sentido para os manifestantes do 17 de Novembro, os dados coligidos neste livro sugerem que tal percepção esteve mediada por um clima de permanente ameaça e negação dos direitos conquistados no 13 de Maio. Conforme exposto no terceiro capítulo, o problema ganhava visibilidade na retórica ressentida e revanchista dos senhores de escravos por indenização. Assim, a clivagem da cidadania negra na formação do Brasil moderno esteve no centro daquela manifestação ocorrida nas ruas de São Luís.

Um elemento importante para entender o clima em torno dos acontecimentos do imediato pós-abolição na capital maranhense é o poder dos rumores, enquanto fontes da própria descrição do memorialista. No livro *A Esfinge do Grajaú*, Abranches repete parcialmente seu relato de 1895 e explica como tomou ciência dos incidentes da capital. Conta que se encontrava em Barra do Corda, no interior do Estado, quando "a população recebeu ali notícias estúpidas e desalentadoras sobre os desatinos e as bacanais da junta governativa que, na capital, se constituíra depois do estúpido Massacre de 17 de Novembro"[33]. Nesse sentido, de acordo com o autor, as informações se espalharam, despertando uma reação extremamente negativa em meio à opinião pública da época, tanto com relação ao conflito de novembro, quanto às demais práticas do governo provisório, como a tortura com palmatoadas. "E a consequência foi que, à repulsa instintiva da parte sã da sociedade em face desse infeliz corrilho de pseudogovernadores e conveniências, seguiu-se o escárnio popular."[34] Arrisco a hipótese de que o relato de Dunshee de Abranches, especialmente no que pode conter de exagero, nos trechos mais carregados de drama e emoção – como a cena quase cinematográfica em que descreve aquele homem negro rolando, crivado de balas, envolto pela bandeira do Império –, expressa muito da indignação que emergiu no processo de circulação da história à boca pequena.

As narrativas analisadas anteriormente sobre o 17 de Novembro se caracterizam pela tentativa de discernir as motivações dos manifestantes. Mas nenhuma delas questiona por que o medo do retorno ao cativeiro e/ou a devoção pela princesa Isabel ganharam a forma de um protesto de rua. Outros pesquisadores, como se viu no primeiro capítulo, demonstraram que, no Brasil como um todo, muitos libertos e outros negros estavam apreensivos diante da instauração da República. Contudo, esse descontentamento não deu, necessariamente, vazão à ação política coletiva. Conforme demonstrou Angela Alonso, o impacto do movimento abolicionista na política brasileira decorreu da estratégia de fazer do espaço público (e das ruas, em particular) um lócus relevante para a prática política[35]. Os *meetings*, as grandes concentrações de pessoas em praças e parques e as passeatas foram algumas das formas de mobilização que os abolicionistas espalharam pelo país na década de 1880. Não só os manifestantes de São Luís lançaram mão desse repertório, como também contaram com alguns dos abolicionistas mais proeminentes da capital maranhense entre seus partícipes.

Daí a importância do relato do escritor negro Raul Astolfo Marques. O texto dele sobressai pela narração minuciosa e pelos detalhes pormenorizados sobre a organização do protesto. Embora essa descrição esteja incluída num texto de natureza ficcional, o romance *A Nova Aurora*, quase todas as afirmações são corroboradas, ou pelo menos não são desmentidas por outras fontes. Aliás, é digno de nota que a principal crítica ao trabalho literário do autor em sua época tenha sido dirigida ao teor descritivo e pouco imaginoso de sua prosa. Note-se que Astolfo Marques tinha doze anos quando ocorreram os conflitos de novembro de 1889 e pertencia ao meio social imediatamente afetado pela circulação dos rumores e boatos sobre o massacre. Nesse sentido, sua versão dos fatos, como sugere Josué Montello, em *Janela de Mirante*, é a mais completa. Senão, vejamos:

Ao Largo do Carmo, certo o local onde maior era a aglomeração, iam ter a toda hora mensageiros de diretores imaginários ou incógnitos da rebelião decidida. Era o *meeting*, por convite anônimo, que se ia realizar ali, aonde havia convertido o centro das operações. Parecia que todos os homens que, no ano anterior, estavam delirantes pela extinção do elemento servil, se achavam congregados na praça, formando uma guarda avançada ao trono em que desejariam ver Isabel, a redentora, pois visando a este bendito nome, de propósito, era os vivas que soltavam ininterruptamente, num entusiasmo eletrizante, e em convicção profunda de baterem-se por um ideal que não compreendiam com absoluta nitidez.

E quando, a míngua de oradores mais decididos, que encaminhassem inteligentemente o movimento, bem se lhe surgiu uma bandeira diretriz da campanha a travar, depressa se recordaram ser o Clube Artístico Abolicionista quem lhes deveria servir de guia nessa peleja na qual iam se empenhar resoluta e patrioticamente. Então, os estafetas partiram rápido a busca das adesões os pioneiros abolicionistas.

Se da missão não regressavam cantando vitória completa, por não trazerem combatentes em número elevado, como almejavam, vinham, todavia, bem radiantes, pois que conquistaram dois valorosos companheiros: o Victor Castello e o José Santa Rosa. O primeiro, sobretudo, era um homem de ação decidida, talhado para a luta, da qual não se sabia recuar uma vez nela empenhado; o segundo, se bem que tímido, algumas vezes, nunca desertara da peleja quando esta se tornava, pelas circunstâncias, bem renhida.

A chegada desses dois salvadores elementos foi saudada por entre hurras e palmas, num crescendo de aclamações pompeantes aos da dinastia bragantina deposta, e em frenético exaltamento aos seus mais dedicados servidores.

O sol dum dia ardente dardejava aquela onda humana, que agora apinhava o Largo, num burburinho belicoso, indeciso quase, para uma resolução extrema. Havia gente, havia chefe de arruaça. Apenas faltava uma cabeça pensante que ou um braço forte para dirigir o movimento a estalar.

Estivadores do Jerônimo Tavares, trabalhadores da companhia das Sacas (Prensa) e União (Tesouro), operários da Usina do Raposo, embarcadiços, catraeiros e pescadores das praias do Caju e do Desterro, aos magotes, todos vinham juntar aqueles que, premeditando uma sanha felina e implacável, ali se achavam inertes, limitando-se a erguer vivas e a brandir ameaçadores porretes, aos quais vinha tilintar um outro fragmento de arco de barril.³⁶

Astolfo Marques descreve cuidadosamente o primeiro momento de formação do protesto, durante a manhã, e reafirma a importância dos rumores, do convite anônimo, do burburinho belicoso, para a arregimentação de pessoas no Largo do Carmo. A narrativa permite formar uma ideia mais complexa do protesto. No texto de Marques, aquelas pessoas que a maioria das fontes descreve através do termo libertos, tornam-se estivadores, trabalhadores das sacas, operários, embarcadiços, catraieiros, pescadores das praias do Desterro e do Caju, além de tipos mais estigmatizados, descritos como chefes de arruaça, termo que provavelmente indica a presença de capoeiras entre os manifestantes. De todo modo, para o autor, a manifestação se destaca pela presença maciça de negros libertados no 13 de Maio, o que vai de encontro a outros relatos.

O escritor afirma que os abolicionistas estiveram nas ruas no 17 de Novembro. É digno de nota que os líderes anônimos do protesto tenham ido buscar o respaldo do Clube Artístico Abolicionista, a principal instituição de combate ao escravismo no Maranhão, nos anos 1880. Nesse sentido, ratifica-se a hipótese de que a organização de um protesto de rua, ao lançar mão do *meeting* à inglesa e da passeata, mobiliza os repertórios de ação difundidos no Brasil pelo movimento abolicionista. Segundo o escritor, houve a intenção de que o protesto ficasse a cargo de proeminentes abolicionistas da cidade, como Victor Castello, homem de cor, que esteve entre as pessoas celebradas pelo povo nas comemorações do 13 de Maio³⁷.

Se, na visão do autor, a defesa da princesa Isabel foi uma motivação central na manifestação, sua descrição também tem a riqueza de resgatar a importância do momento, ou seja, das coisas que só acontecem no calor da hora, adquirindo enorme importância e desfechos imprevisíveis. Nesse sentido, o escritor negro confere destaque às ações e pronunciamentos que impeliram os manifestantes a continuar, como, por exemplo, o momento de comoção generalizada em que um "crioulo corpulento e invejavelmente robusto" subiu no degrau mais alto do pelourinho, localizado no

Largo do Carmo, e improvisou, numa "vara tortuosa, o auriverde pavilhão com a coroa da Monarquia derrocada. Palmas reboavam em frenesi por toda a praça"[38]. Um discurso incendiário teria sido proferido por um certo João Eduardo, pseudônimo utilizado pelo autor para referir-se a um "antigo deputado geral, advogado e professor", que estendeu seu apoio aos manifestantes. O político entregou-se aos acontecimentos, "num incitamento penetrante e comunicativo com a massa, ali propensa ao que desse e viesse, à rebelião sem tréguas e a não se acovardar em se coadunar com os conselheiros propensos a amoldarem-se aos fatos consumados"[39].

Trata-se, muito provavelmente do político João Henrique Vieira da Silva, deputado geral pelo Maranhão em 1885 e vice-presidente da província em 1888[40]. Segundo os apontamentos do capitão Milanez, ainda no dia 16 de novembro, João Henrique se dirigiu ao 5º Batalhão e ameaçou os militares, caso viessem a aderir à República. Esse fato serviu para que as autoridades lhe acusassem de líder do protesto de 17 de Novembro e foi motivo de sua imediata detenção, nesse mesmo dia. Nas palavras do capitão:

Que João Henrique falara aos pretos excitando-os a que não consentissem na República, asseveram-se diversas pessoas e recorda-me bem do nome de Dom Manoel de Lima Vieira que disse-me tê-lo visto em noite de 16 em frente à Câmara assim procedendo [...]; é ainda certo que falou aos libertos na noite de 17 de novembro, no Largo do Carmo; uns dizem que ele acalmava-os, outros que os excitava; de qualquer maneira é certo que ele falou e depois disso os libertos em vivas à Monarquia e morras ao *Globo* para lá investiram [...]: afirma-se que antes de falar o J.H., falou um preto conhecido pelo nome de "Capenga". Por mais investigações que fizesse, não pude conhecer ao certo o sentido do que falavam e nem se poderia mesmo ouvir, segundo outros me afirmam, tal era a vozeria e grita que fazia a massa de 2 a 3 mil homens que ali se achavam e marcharam contra o *Globo*[41].

Com efeito, a movimentação do político conservador atribui plausibilidade à hipótese consoante na historiografia de que o partido conservador agiu no sentido de mobilizar uma reação. O político João Henrique cabe bem no figurino de manipulador das massas que sempre procuraram algumas explicações para entender a mobilização de pretos e libertos. Mas o que o tal preto conhecido como Capenga teria dito à multidão? O capitão e depois os historiadores, não quiseram saber.

O mérito do romance de Astolfo Marques está na relevância que o autor atribui a essa gente de pouca importância para as fontes oficiais. Diferentemente dos outros relatos, o autor observou que a violência contra os libertos e outros negros não ficou restrita ao conflito com a tropa de linha do exército, na noite de 17 de Novembro. E aqui outros parênteses são necessários, porque justificam a importância do livro do escritor negro como fonte, ilustrando a relação do romance com os dados factuais.

Em depoimento ao jornalista César Teixeira, nos anos 1970, o cantador do boi da Madre de Deus, Zé Igarapé, contou que seu pai era monarquista e esteve entre os manifestantes do 17 de Novembro, razão pela qual não tinha um braço. "Foi cortado pela República"[42], afirmou na ocasião o brincante popular. No hospital da Santa Casa, o médico responsável pelas operações teria dito: "Em barulho de branco, preto não se mete!"[43]

Astolfo Marques reconstrói precisamente essa cena em seu livro de 1913, numa passagem em que narra o conflito entre os médicos da Santa Casa e o barbeiro Macedo, que se revoltou contra a execução de amputações sumárias. Para Macedo, era "atirar-se à cidade cerca de duas dezenas de aleijados, o que, pela própria cirurgia podia ser evitado. [...] o que se estava a praticar ali era uma carnificina, uma barbaridade sem nome"[44]. O chefe do serviço hospitalar reagiu às censuras, humilhando o barbeiro: "Olá meu petulante, isto aqui não é açougue, onde a gente da tua laia rejeita os ossos! Faze apenas o teu serviço e não te atrevas a meter o bedelho onde não se te chamou. Quem se mete em coisas de brancos, tem a mesma tristíssima sorte aqui desses teus companheiros"[45].

Em tal descrição, as amputações da Santa Casa, imaginadas e narradas nesses termos, ganham fortes conotações de linchamento racial: um ritual público, coletivo, em que são traçadas as linhas políticas e as fronteiras simbólicas que dividem negros e brancos. Através dessa imagem, a esfera da política e a República são representadas como "coisas de brancos", tanto na frase proferida pelo médico do romance de Marques, quanto nas lembranças de Zé do Igarapé. Nessas memórias de negros maranhenses, a República de 15 de novembro de 1889 se confunde, indelevelmente, com a experiência de subordinação racial.

Em grande parte, a força simbólica que a ideia de massacre conquistou na boca do povo e, depois, nos escritos de alguns memorialistas e literatos, remonta a essa relação. É importante observar que, nos relatos e testemunhos elaborados por negros – caso do escritor Astolfo Marques e do cantador popular Zé do Igarapé –, a violência associada ao 17 de Novembro não se restringiu às portas do jornal *O Globo*. Isso também aparece em Dunshee de Abranches, quando afirma que a indignação e o escárnio popular marcaram todo o curto período de administração da primeira junta de governo provisório republicano no Maranhão. Essa asserção é corroborada pelo historiador Barbosa de Godóis, terceiro vice-governador republicano do Estado, para quem a instauração do novo regime deixou "uma impressão verdadeiramente desgraçada, aliando-se seu advento na província à prática de tropelias em ordem a gerarem no espírito popular a ideia de que o novo regime, em vez de garantir a ordem e os direitos dos cidadãos, fazia periclitar a primeira e investia contra os segundos"[46]. Segundo o autor, essa imagem, sobretudo entre a gente comum, deveu-se ao abuso da tortura policial[47].

Com efeito, o conflito de 17 de Novembro suscitou, no mês subsequente, uma verdadeira perseguição aos que foram considerados inimigos do novo regime, dirigido basicamente por militares. Dois dias após o incidente, o jornal *O Globo* noticiou que "foram ontem recolhidos à cadeia pública Joaquim Sant'Anna Reis, João Gualberto Pinheiro e Simphronibo Pereira da Silva por estarem envolvidos nos distúrbios e tumultos ocorridos na noite anterior"[48]. Minha hipótese é que eles seriam os oradores que estimularam o protesto em seu primeiro momento, pela manhã. Segundo Casimiro Júnior – o redator do jornal que, naquele dia, estava prestes a se tornar chefe de polícia –, "o cidadão João Gualberto Pinheiro, que capitaneou o grupo que assaltou de dia a tipografia, gritou para todos os que estavam comigo na janela: 'Canalhas! Eu só dou conta de dez de vocês!'"[49] A prisão de Joaquim Sant'Anna Reis, membro do Clube Artístico Abolicionista Maranhense, promotor de uma das passeatas em homenagem ao fim do cativeiro em 18 de Maio de 1888, confirma a presença de conhecidos abolicionistas da cidade no protesto[50].

A perseguição aos populares envolvidos nos conflitos de 17 de Novembro tomou, segundo Astolfo Marques, a forma de terror de Estado. O autor afirma que, por muito pouco, a busca por dois operários acusados de participação no protesto não culminou em novo fuzilamento. A polícia foi intimidar os operários no seu lugar de trabalho e "exigir a entrega dos dois implicados, com a determinação de conduzi-los arrastados, se recalcitrassem, ou fazer fogo, dado que os operários, como se propalava, instigassem o foguista e o zelador do estabelecimento a desobedecerem o mandato de prisão"[51]. Assim, o problema da intimidação e da tortura policial foi outro elemento que deu sentido à ideia de massacre, alimentando os rumores e consolidando as memórias em torno da instauração da República. De acordo com o escritor negro, nessas ocasiões "o detido, pela menor queixa, era conservado a pão e água, quando lho davam, por mais de vinte e quatro horas; e, antes de posto em liberdade se infligia [...] indecorosos castigos, dos quais os menores se limitavam a aplicação de dúzias sobre dúzias [...] de bolos (palmatoadas) e a raspagem dos cabelos"[52].

Os jornais começaram a noticiar esses fatos, assim que a junta de governo provisório se desfez, em 17 de dezembro de 1889. "Um subdelegado de segurança, em plena Praça do Mercado, sacou o revólver e disparou contra um cidadão que prendera arbitrariamente. Essa mesma autoridade ainda ontem mandou prender e castigar a palmatoadas Engracio Ferreira que está com as mãos rachadas."[53] Nem mesmo as mulheres eram poupadas da violência. Maria da Paz Rubim teve a cabeça raspada por se envolver em brigas com outra companheira. "A *operação foi tão bem feita* que lhe deixou várias escoriações ligeiras no couro cabeludo, tendo sido medicada pelo Dr. Henrique Alvares Pereira."[54] Joaquina, residente na rua da Misericórdia, e Clara Maria da Conceição, moradora da rua do Mercado, áreas de marcada presença de negros livres desde a década de 1870, também tiveram as cabeças e sobrancelhas raspadas. A simbologia desses atos e a humilhação infligida através deles eram fortes: o chamado "raspa coco" foi uma das marcas do tratamento policial aos escravos fugidos, nos últimos anos do cativeiro[55]. Mas agora, o estigma da escravidão convertia-se em estigma racial.

Quando o primeiro governo provisório foi dissolvido, em 17 de dezembro de 1889, o problema das torturas policiais foi motivo de uma audiência junto ao novo governador do Maranhão, Pedro Augusto Tavares Júnior. O mandatário estadual recebeu algumas vítimas dos abusos e lançou nota pública, condenando as sevícias praticadas e recomendando "a maior prudência, em todos os atos em que intervier a autoridade, cuja ação se deve sentir, não pelo arbítrio, mas pelo critério, retidão e justiça"⁵⁶. Houve resposta. O senhor Casimiro Dias Junior – o jornalista, nomeado chefe da polícia durante o governo provisório, que, nesse momento, já era um dos diretores do jornal *O Globo* –, veio a público questionar as denúncias recebidas pelo governador. Justificando-se, ele descrevia as vítimas como "uma procissão de cinco raparigas de cor preta trazendo cabelos cortados!"⁵⁷ No 17 de Novembro, Dias Júnior estivera entre as pessoas sitiadas pelos manifestantes. Na matéria citada, ele contextualizava as ações da polícia, durante e posterior o embate:

Conquanto nunca mandasse eu cortar cabelos nem dar bolos, e isto por uma questão de temperamento, todavia estou disposto a assumir inteira responsabilidade do fato e provar que as autoridades que assim procederam exerciam um direito: o direito de legítima defesa.

Por espaço de dois dias [16 e 17 de novembro de 1889] a população foi senhora da cidade. As autoridades policias impassíveis assistiam a toda sorte de violências, sem um protesto ao menos. O chefe de polícia mandou até um dos seus empregados dizer à tipografia do *Globo* que não respondia pela minha vida e pela de Paula Duarte.

Pois bem, qual era o meio de forçar ao respeito a população sem educação e sem freio algum, que se queria aproveitar do movimento para desrespeitar as famílias e praticar os furtos?⁵⁸

Existe bastante exagero quanto ao clima de desordem geral instalado na cidade no 17 de Novembro e nos dias que o sucederam, como é possível depreender dos relatos disponíveis. Aliás, alguns historiadores e cronistas observaram que a truculência do governo provisório contribuiu mais para tal alvoroço do que o inconformismo da gente comum. O chefe de polícia Casimiro Dias afirma que sua brutalidade se justifica, frente a uma populaça sem educação e sem freio algum, a quem outras fontes chamariam de maltas de homens de cor ou cidadãos do 13 de Maio; gente comum, desclassificada, incluindo até raparigas de cor preta – termo este carregado de um indisfarçável desprezo. Outros agentes tiveram a mesma interpretação no calor da hora, como o médico para quem "em barulho de branco, preto não se mete!"⁵⁹. Os comentários do capitão José Lourenço Milanez sobre os discursos proferidos pelos manifestantes também são reveladores: "o grupo estivera ali em frente ao quartel, dando vivas ao Batalhão e a Monarquia protestando nessa ocasião que não aceitariam P.D. [Paula Duarte] porque mau homem, mau chefe de família, não poderia governar a ninguém; essa linguagem usada por *pretos boçais* não escapou à minha observação e fez confirmar em mim o que desde 16 [de novembro] se dizia"[60].

Partiu do autor dessas palavras a ordem para que o pelotão seguisse fortemente armado para a sede do jornal *O Globo*. Assim, o uso da violência extrema e letal se justificava como medida necessária para lidar com gente da laia de "pretos boçais". O fuzilamento, as amputações e as torturas eram avalizadas, num contexto de persistência da cultura da escravidão. Ali, prevalecia um senso comum da inferioridade dos libertos e de outros negros, propagado e amplificado pelo movimento dos senhores em prol da indenização e chancelado pelas teorias do racismo científico.

Também do ponto de vista da política e da luta pelo reconhecimento de direitos, a violência parece ter desempenhado um papel importante. Conforme perceberam alguns dos memorialistas analisados acima, em grande medida, a legitimidade da reação brutal da tropa militar e de atos como as mutilações no hospital da Santa Casa advinha da concepção de que o espaço público e a mobilização civil não deveriam ser ocupados por libertos e outros negros. Afinal, a República era "coisa de brancos" ou, como se dizia, "a liberdade dos brancos"[61].

Um massacre não é feito apenas da quantidade de corpos que abandona ao relento, mas também de palavras, de rumores, e, sobretudo, de memória. Assim, não é de se espantar que os rumores sobre o Massacre de 17 de Novembro, que medraram de forma silenciosa na memória coletiva durante a Primeira República, não se refiram apenas ao incidente envolvendo os militares, às portas do jornal *O Globo*. O "massacre" nomeia toda uma gama de violências físicas e simbólicas, para as quais a raça se erguia como linguagem. Massacre é o nome de uma experiência que não deixa esquecer o medo do cativeiro, a memória do braço amputado de um pai e a rotina da tortura policial. O massacre enquanto evento e memória traduz a a força estruturante da raça na formação do Brasil moderno.

5. A Fraternidade Racial

O leitor deve ter notado, ao longo deste livro, a sugestão de que o esquecimento, na história oficial, do Massacre de 17 de Novembro é relevante para compreender o lugar da raça nas formas de imaginar a sociedade brasileira moderna. Aqui, vale a premissa metodológica de que "um evento transforma-se naquilo que lhe é dado como interpretação. Somente quando apropriado por, e através do esquema cultural, é que adquire uma significância histórica"[1]. Os acontecimentos de São Luís traduziram o desconforto dos libertos e outros negros, evidenciado em várias partes do país, frente à fragilidade e o formalismo dos seus direitos no pós-abolição. Os rumores, o medo e a crença na possibilidade de retorno à escravidão foram a expressão cruel desse drama coletivo – uma experiência rasurada das formas com que, habitualmente, os brasileiros dão sentido à sua história. A memória pública do passado e seus silêncios conformam a autoimagem de uma comunidade e as maneiras como são pensadas as fronteiras entre os grupos sociais, assim como baliza seus projetos de futuro. Nessas considerações finais, desejo abordar essa problemática, chamando a atenção para dois acontecimentos, nos quais a reação dos republicanos maranhenses ao uso da violência pelo exército pôs em jogo a memória da escravidão. Ambos os acontecimentos envolveram a criação de símbolos que visavam legitimar o novo contrato social estabelecido com a República.

O fuzilamento dos protestantes às portas do jornal criou um problema de legitimidade para a junta provisória de governo republicano. O abuso da violência parecia confirmar a desconfiança da gente do povo – e dos negros, em particular –, para quem o golpe de Estado prenunciava uma ameaça aos direitos conquistados sob a Monarquia brasileira. Três dias após o incidente, a cidade ainda estava paralisada. Um manifesto dirigido ao novo chefe da segurança, no dia 21 de novembro, falava em nome daqueles que "se arreceiam do novo regime persuadidos de que os tumultos que, infelizmente tiveram lugar, lhes tiraram as garantias da vida, liberdade e segurança. [...] Receosos, recolhem-se, evitam a vida pública, tremem pela sua vida e bens; e destes receios resulta a larga paralisação da nossa vida social"². Embora os membros da junta de governo provisório tenham mantido a cidade num clima de ditadura, em seus 29 dias de governo, algumas cerimônias públicas foram organizadas para apaziguar os ânimos e elevar a imagem da República.

A destruição do Pelourinho de São Luís foi o mais significativo desses eventos. Tratava-se de uma resposta direta do governo ao protesto e às incertezas quanto à cidadania dos negros no novo regime. Na manhã do dia 25 de novembro, foi distribuída uma circular dirigida "aos maranhenses", conclamando a derrubada do monumento que "recorda os dias da escravidão" e os "tempos sombrios da Monarquia".

O pelourinho do Largo do Carmo é o prolongamento da púrpura imperial. Esse monólito transuda o sangue e as lágrimas dos nossos compatriotas aí vitimados sem fórmulas de processo pela sanha dos delegados do rei. Atado a esse poste de ignomínia mais de um escravo mísero exalou, por ventura, o último suspiro, entestando a pena com o látego do algoz e apertado no ferro da gotilha, que o cingia os últimos movimentos.
  Pois bem. Esse monumento que em sua mudez sombria, relembra o infortúnio, o sangue, o suplício, todo um passado de sombra, deve desaparecer à luz da liberdade, conquistada pela nação americana.
  Destruí-lo é criar um futuro, é apagar os últimos vestígios da Monarquia e da escravidão.
  Que uma pedra não fique para atestar às gerações vindouras as desgraças e a escravidão de nossos pais.³

O texto continha um apelo forte e emocional. O Massacre de 17 de Novembro obrigava os novos governantes a um acerto público de contas com a memória do cativeiro. Para os republicanos, era preciso demonstrar ao povo que aquele era um passado morto e enterrado com a Monarquia, apagando as marcas da escravidão na cidade de São Luís. O esquecimento seria a condição necessária para "criar um futuro", no qual os ex-escravos e seus descendentes pudessem ser reconhecidos enquanto "nossos compatriotas", e seus ancestrais, como os "pais" sofridos da pátria.

A convocatória surtiu o efeito desejado, pois, às três horas da tarde, o Largo do Carmo estava apinhado de gente. Em frente ao pelourinho da praça, o mesmo lugar de onde partira o protesto uma semana antes, o doutor Paula Duarte discursou para o povo, em companhia do chefe do governo provisório, o tenente-coronel Tavares. Após a fala, as duas autoridades iniciaram a derrubada do monumento.

O tenente-coronel Tavares, chamando um homem do povo, entregou-lhe o martelo, e este, abraçado ao dr. Paula Duarte, feriu de novo o símbolo da tirania.
Um longo aplauso ecoou na praça.
Era a confraternização dos iludidos do dia 17 com o herói da República no Maranhão.
Momentos depois, baqueava o símbolo da tirania no livre estado do Maranhão, ao som dos hinos e das aclamações do povo[4].

Estaria assim selada a incorporação dos negros ao novo pacto social da República. Os "iludidos do dia 17" deveriam deixar para trás a sua experiência e a sua memória da escravidão, integrando-se como pessoas e cidadãos plenamente livres na nova ordem social. Era como se o passado dos negros, a história que tinha significado para eles, não fizesse o menor sentido para imaginar a sociedade brasileira e o seu futuro.

Entretanto, a cerimônia parece não ter surtido o efeito esperado. O autoritarismo, as torturas policiais e outras arbitrariedades que marcaram o governo provisório não arrefeceram, sobretudo entre os de baixo, suscitando a desconfiança e o inconformismo social frente à nova situação política do país. O poeta Sousândrade que, quatro dias após o 17 de Novembro, anunciou nos jornais a repartição gratuita de suas terras entre os libertos, em homenagem à República, considerava que, naquela conjuntura, eram necessários todos os esforços para fazer "compreender aos libertos que a lei republicana os quer homens laboriosos, felizes pais de família, na comunhão geral dos civilizados e não inimigos; pois, das escravidões, a escravidão pior é dos livres que se põem fora da lei e é a dos cegos que não querem ver"[5]. O problema da integração dos negros tornou-se o ponto chave da legitimação do novo regime e foi incorporado na criação da bandeira estadual do Maranhão. O governador Pedro Tavares Junior, três dias após suceder a junta provisória, lançou o seguinte decreto:

Considerando que precisa este estado adotar uma bandeira, que assinale a sua autonomia no seio da federação nacional;
Considerando que em tal símbolo da afirmação política do Estado, cumpre atender pelas cores as três diferentes raças que compõe sua população, raças hoje fundidas e fraternizadas na prossecução de um destino idêntico e comum;
Decreta:
Será adotada como bandeira do Estado do Maranhão a que figura junto a este decreto, desenhada no modelo anexo, e se compõe de nove listas em sentido horizontal, intercaladas, sendo quatro brancas, três encarnadas e duas pretas, com um quadrado azul ao canto superior unido à lança e tendo no centro uma estrela branca. O dito quadrado ocupará uma terça parte do comprimento da bandeira e a metade de sua largura.[6]

É nítida a inspiração estadunidense da bandeira do Maranhão [Fig. 9], atribuída ao escritor Sousândrade. Contudo, se no pavilhão dos Estados Unidos não há listras pretas – o vermelho representa a resistência e a coragem, e o branco simboliza a pureza e a inocência –, o uso das cores na bandeira maranhense ganhou um significado explicitamente racial. No Brasil, tal simbolismo apenas figura na bandeira maranhense[7]. Especula-se que havia uma referência aos negros na bandeira que foi hasteada na Câmara Municipal do Rio de Janeiro por José do Patrocínio, no dia da proclamação da República[8]. Seu formato também imitava o modelo estadunidense, mas suas listas eram verdes e amarelas, as cores da família imperial brasileira, e o quadrilátero onde figuravam as estrelas, representando os Estados do país, era de fundo preto, possivelmente em homenagem à raça negra. Mas

FIG. 9. *Bandeira do estado do Maranhão. Atribuída ao escritor Sousândrade e adotada oficialmente no dia 29 de dezembro de 1889, a flâmula maranhense simboliza a fraternidade entre as raças.*

Tal como a cerimônia oficial que levou à destruição do pelourinho de São Luís, a criação da bandeira estadual do Maranhão também foi uma resposta ao Massacre de 17 de Novembro e aos desafios da incorporação política da gente negra ao pacto republicano, nos anos tensos do pós-abolição. Cada um desses acontecimentos simboliza, de modo particular, as formas como uma estrutura social orientada pela divisão política entre cidadãos e escravos pôde ser atualizada e transformada acionando a raça como forma de categorização e formação de "novos" grupos sociais. Mas enquanto o primeiro evento se dirigia ao passado, referindo-se à memória pública da escravidão, o pavilhão maranhense é um símbolo voltado para o futuro. É espantoso como acontecimentos particulares, enraizados em conjunturas locais e periféricas, podem explicitar características e transformações de vulto numa sociedade. A bandeira do Maranhão, sua afirmação do mito das três raças formadoras da nação como fundamento do contrato social republicano, condensa, no seu simbolismo, alguns dos limites e aspirações que marcaram o ideário da modernidade no Brasil.

A utopia da fraternidade racial é o símbolo maior daquela bandeira. A integração entre brancos, negros e indígenas, "raças hoje fundidas e fraternizadas"[10], é pensada como condição básica para o futuro de uma sociedade baseada no trabalho livre e nas instituições republicanas. Fusão e fraternidade devem ser os valores políticos, culturais e sociais do novo contrato social. Entretanto, essa direção não implica em abdicar da hierarquia entre os grupos sociais, cuja representação também é forte no pavilhão maranhense, através da disposição e quantidade das faixas. São quatro listas brancas, três vermelhas e duas negras, revelando a aposta no estatuto desigual entre brancos, indígenas e negros[11].

Mas talvez o aspecto mais revelador daquela bandeira é o modo como a própria concepção de povo, uma coletividade unida em busca de um destino único e comum, o sujeito político legítimo dos Estados-Nação modernos, é subsumida pela ideia de raça. Nessa perspectiva, duradoura entre os brasileiros, suas fronteiras sociais não são imaginadas como aquelas que distinguem e constituem indivíduos portadores de direitos políticos e civis, nem como aquelas que separam as classes sociais, definidas pelo mercado de trabalho; antes, imagina-se tais fronteiras pelo caráter da relação entre as "raças". Cada qual em seu lugar.

Notas

INTRODUÇÃO

1. Aliás, será frequente neste livro o uso do termo "periferia" para descrever o estado do Maranhão em relação às províncias do sudeste do país. Nesse ponto, acompanho a interpretação de Evaldo Cabral de Mello, em *O Norte Agrário e o Império (1871-1889)*, no qual sustenta a tese de que, no final do século XIX, a ação do Estado – com relação às políticas imigratória, fiscal, transportes e infraestrutura da produção agrícola – reforçou o crescimento da desigualdade regional em prejuízo das províncias do atual Norte e Nordeste brasileiro.
2. Sociologia, antropologia e história reconhecem o período pós-abolição como um momento-chave para entender os usos sociais da raça na construção da sociedade brasileira. A chamada Escola Paulista de Sociologia elege o período como um momento crucial para entender a peculiaridade da revolução burguesa no Brasil. Estudos antropológicos sugerem que certas especificidades culturais da noção de raça no Brasil se tornam visíveis na derrocada da escravidão, quando ideologias igualitárias, abolicionistas e republicanas ameaçam o edifício da sociedade imperial. A antropologia também se dedica a questões sobre o pós-abolição no mundo rural, como o lugar da cor na construção de fronteiras étnicas, e sobre as relações entre memória, escravidão e cultura popular. Após o centenário da abolição, em 1988, coube aos historiadores tornar o pós-abolição um tema relevante na agenda das ciências sociais brasileiras de um modo geral e uma linha de investigações específica. Cf. F. Fernandes, *A Integração do Negro na Sociedade de Classes*; O. Ianni, *As Metamorfoses do Escravo*; F.H. Cardoso, *Capitalismo e Escravidão do Brasil Meridional*; R. DaMatta, *A Fábula das Três Raças, ou o Problema do Racismo à Brasileira, Relativizando: Uma Introdução à Antropologia Social*; L. Schwarcz, *O Espetáculo das Raças*; M. Correa, *As Ilusões da Liberdade*; C.R. Brandão, *Pretos, Peões e Congos*; M.N. Baiocchi, *Negros de Cedro*; M.L. Bandeira, *Território Negro em Espaço Branco*; P. Fry et al., *Cafundó*; S. Schwartz, *Escravos, Roceiros e Rebeldes*; M.H. Machado, *O Plano e o Pânico*; A. Rios et al., *Memórias do Cativeiro*; W. Fraga Filho, *Encruzilhadas da Liberdade*; W.R. de Albuquerque, *O Jogo da Dissimulação*; H. Mattos, *Das Cores do Silêncio*; M. Abreu et al. (orgs.), *Histórias do Pós-Abolição no Mundo Atlântico*; M.H. Machado et al., *Tornando-se Livre*; F. dos S. Gomes et al. (orgs.), *Quase-Cidadão*; F. dos S. Gomes et al. (orgs.), *Experiências da Emancipação*; Idem, *Políticas da Raça*; G. Xavier et al. (orgs.), *Mulheres Negras no Brasil Escravista e do Pós-Emancipação*; F. dos S. Gomes et al., *Religiões Negras no Brasil*.
3. Cf. *Os Condenados da Terra*, p. 246.
4. Para uma leitura brasileira ver: V.R. Silvério, Multiculturalismo e Metamorfose na Racialização: Notas Preliminares Sobre a Experiência Contemporânea Brasileira, em M. da G. Bonelli; M.D.V. de Landa (orgs.), *Sociologia e Mudança Social no Brasil e na Argentina*.
5. R. Miles; M. Brown, *Racism*, p. 100. (Tradução nossa.)
6. Cf. A.S. Guimarães, Cor e Raça: Raça, Cor e Outros Conceitos Analíticos, em O.A. Pinho; L. Sansone (orgs.), *Raça: Novas Perspectivas Antropológicas*.
7. M. Sahlins, *Ilhas de História*, p. 15.
8. Ibidem.
9. Ver em H. Mattos, op. cit., p. 104-105.
10. W.H. Sewell Jr., Historical Events as Transformations of Structures, *Theory and Society*, v. 25, n. 6, p. 845. (Tradução nossa.)
11. Ibidem, p. 111. (Tradução nossa.)
12. A leitura desses jornais foi feita numa pesquisa em microfilmes disponíveis no acervo da Fundação Biblioteca Nacional, nos meses de agosto de 2010 e abril de 2011, e mais tarde complementada com recursos da hemeroteca digital da mesma instituição.
13. J. Montello, *Janela de Mirante*, p. 124.
14. O problema será abordado de maneira mais detalhada em M.G. de Jesus, *Racismo e Decadência: Sociedade, Cultura e Intelectuais em São Luís (1850-1920)*, obra em andamento.

1. UMA MALTA DE HOMENS DE COR
1. Telegrama d´*O Globo, O Globo*, 16 nov. 89, p. 2.
2. Surpreendidos também ficaram muitos dos soldados que participaram da ocupação do Campo de Santana, no Río de Janeiro, sem saber que ali era consumado um golpe de Estado. "A grande maioria das praças que integravam as tropas golpistas no 15 de Novembro, por exemplo, não estava consciente de que se pretendia derrubar a Monarquia; como vimos, nem alguns oficiais o estavam. Participantes involuntárias do drama, levadas por seus superiores dos quartéis para o Campo de Santana, várias praças logo se arrependeram do papel que representaram inconscientemente. Um exemplo: pouco mais de um mês após a instauração da República, em 18 de dezembro, estoura uma rebelião no 2º Regimento de Artilharia, justamente uma das unidades que haviam participado do golpe. Um republicano civil que assistiu a prisão dos soldados revoltosos diz que 'eram trinta ou quarenta, quase todos pretos ou mulatos'"; C. Castro, *Os Militares e a República*, p. 193.
3. A.B.B. de Godóis, *História do Maranhão*, p. 361.
4. D. de Abranches, *Memórias de um Histórico*, p. 220.
5. J.L. da S. Milanez, *Apontamentos escritos pelo Capitão do Exército José Lourenço da Silva Milanez*, fl 7v.
6. O clima de dúvidas e insegurança quanto à veracidade das notícias telegrafadas do Rio de Janeiro permaneceu até o dia 18 de novembro, na Câmara Municipal, quando foi efetivamente proclamada a adesão do Maranhão à República. Uma notícia de jornal dessa data informa: "O sr. Xavier de Carvalho propôs e foi aprovado que se telegrafasse ao Governo Provisório cientificando-o de que a Câmara em sessão permanente aguarda ordens"; cf. J.T. da Porciuncula. *Relatório Com Que o Exmo Sr. Dr. Thomaz da Porciuncula Passou a Administração do Estado em 7 de Julho de 1890*, p. 5.
7. Cf. J.L. da S. Milanez, op. cit., fl. 22.
8. Cf. M. Meireles, *Dez Estudos Históricos*, p. 110-111.
9. Cf. L.A. Ferreira, Os Clubes Republicanos e a Implantação da República no Maranhão (1888-1889), em W.C. da Costa (org.), *História do Maranhão: Novos Estudos*, p. 226.
10. A junta provisória maranhense era de orientação militar e incluiu poucos republicanos históricos em sua formação. Seus sete membros eram: 1. tenente-coronel João Luís Tavares (presidente e comandante do 5º B/F); 2. tenente Floriano da Costa Barreto (capitão dos Portos); 3. Primeiro-tenente Augusto F. Monteiro da Silva (comandante da Escola dos Aprendizes Marinheiros); 4. capitão José Lourenço da Silva Milanez; 5. Francisco Xavier de Carvalho (comerciante, membro do partido conservador); 6. dr. José Francisco de Viveiros (político conservador); e 7. Francisco de Paula Belfort Duarte (advogado e republicano histórico); cf. Ibidem, p. 49.
11. F.G. Williams; J. Moraes (orgs.), *Poesia e Prosa Reunidas de Souzândrade*, p. 514.
12. D. de Abranches, op. cit., p. 218.
13. V. Correa, *O Brasil dos Meus Avós*, p. 131.
14. J.F. de Lima, *Figuras da República Velha*, p. 77-78.
15. A *Formação da Classe Operária Inglesa*, p. 13.
16. A.B.B. de Godóis, op. cit., p. 359.
17. *História do Maranhão*, p. 269. (Grifos nossos.)
18. *Subsídios Para a História do Maranhão*, p. 17.
19. J. Milanez, op. cit., fl. 32, 32v e 33.
20. Cf.[s.t.], *O Novo Brazil*, 3 dez. 1889, p. 2.
21. M. Coutinho, op. cit., p. 18.
22. Ibidem, p. 20.
23. L.A. Ferreira, op. cit., p. 55.
24. J. Milanez, op. cit., fl. 15.
25. Ibidem, fl. 20 e 20v.
26. Ibidem, fl.16.
27. Ibidem, fl. 15v.
28. Ibidem, fl. 25 e 25v.
29. Apud J. da Porciuncula, op. cit., p. 4.
30. Cf. L.A. Ferreira, op. cit., p. 226.
31. A.M. Rocha, Anexo n. 10, em J. da Porciuncula, op. cit., p. 147-148. (Grifo nosso.)
32. Ibidem.
33. Cf. R.H. Faria, Demografia, Escravidão Africana e Agroexportação no Maranhão Oitocentista, *Ciências Humanas em Revista*, v. 2, p. 94.
34. Concidadãos!, *O Globo*, 21 nov. 1889, p. 2.
35. Cf. F. dos S. Gomes, No Meio das Águas Turvas, *Estudos Afro-Asiáticos*, n. 21, p. 79.
36. D. de Abranches, op. cit., p. 216-217.
37. W.R. de Albuquerque, *O Jogo da Dissimulação*, p. 148.
38. L. de L. Antunes, *Sob a Guarda Negra*, p. 215.
39. C. Castro, op. cit., p. 194.
40. H. Vianna, *A Proclamação da República na Bahia*, p. 5-6.
41. K. Monsma, *Pânico e Repressão*, p. 7-8.

42. Cf. M. Sahlins, op. cit.
43. Or*dem e Progresso*, p. 209-210.
44. Ibidem, p. 211.
45. R. Barbosa, Libertos e Republicanos apud S. Chalhoub, *Visões da Liberdade*, p. 180.
46. F. Fernandes, op. cit., p. 100.
47. Ibidem, p. 101-102.
48. Os *Bestializados*, p. 29.
49. Ibidem, p. 30-31.
50. "Os acontecimentos políticos eram representações em que o povo comum aparecia como expectador ou, no máximo, como figurante. Ele se relacionava com o governo seja pela indiferença aos mecanismos oficiais de participação, seja pelo pragmatismo na busca de empregos e favores, seja, enfim, pela reação violenta quando se julgava atingido em direitos e valores por eles considerados extravasantes da competência do poder"; ibidem, p. 163.
51. Idem, *A Construção da Ordem*, p. 323.
52. Note-se que os republicanos de cor reagiram a esse tipo de interpretação na primeira hora. Segundo Petrônio Domingues, em 1889, "no dia 13 de janeiro, cerca de 300 'homens de cor' se reuniram em 'assembleia especial' no antigo Quilombo do Jabaquara, em Santos. Fez uso da palavra Quintino de Lacerda – 'o legendário organizador desse quilombo que fez a Abolição' –, salientando que os 'pretos ali presentes e seus irmãos deviam a liberdade ao povo, não ao governo'. À Monarquia, disse ele, 'nós devemos a escravidão por três séculos; devemos-lhes as balas com que ela mandou espingardear alguns dos aqui presentes na célebre jornada de Cubatão. Nós nos fizemos livres, auxiliados pelo povo que nos sustentava contra as forças do governo'. [...] No final da assembleia, os 'homens de cor' aprovaram uma moção na qual consignavam: 'Que reconhecem a abolição da escravatura no Brasil como feita por esforços populares, que se impuseram energicamente à Coroa'; 'Que se consideram do povo e pelo povo em todas as suas manifestações tendentes à reorganização da pátria'"; P. Domingues, Cidadania Levada a Sério, em F. dos S. Gomes; P. Domingues (orgs.), *Políticas da Raça*, p. 130.
53. R. Daibert Jr., *Isabel: A "Redentora" dos Escravos*, p. 116.
54. A. Alonso, *Flores, Votos e Balas*, p. 330.
55. R.P. de Jesus, *Visões da Monarquia*, p. 134.
56. Ibidem, p. 174.
57. Ver, sobre o tema: K. Grinberg, Reescravização, Direitos e Justiça no Brasil do Século XIX, em S.H. Lara; J.M.N. Mendonça, *Direitos e Justiças no Brasil*; e J. French, As Falsas Dicotomias Entre Escravidão e Liberdade, em D.C. Libby; J.F. Furtado (orgs.), *Trabalho Livre, Trabalho Escravo*.
58. S. Chalhoub, *A Força da Escravidão*, p. 233-234.
59. E. Foner, *Nada Além da Liberdade*, p. 10.
60. W. Fraga Filho, *Encruzilhadas da Liberdade*, p. 166.
61. A. Alonso, *Flores, Votos e Balas*, p. 230.
62. D. McAdam et al., Para Mapear o Confronto Político, *Lua Nova*, n. 76, p. 23.
63. K. Monsma, *A Reprodução do Racismo*, p. 126.
64. Um dos casos mais emblemáticos é o seguinte: "Em novembro de 1889, cinco dias antes da Proclamação da República, mais ou menos oitocentas pessoas atacaram a cadeia de Araraquara, agredindo o juiz de direito, o juiz municipal e o promotor público, que tentavam acalmar a multidão. Pelo menos seis indivíduos arrombaram a cela onde dois negros estavam presos e os mataram ali mesmo com golpes de machado, facada e tiros. Depois, penduraram os corpos 'horrorosamente mutilados' em uma árvore no pátio da cadeia. Por algumas horas depois disso, uma multidão de brancos andava pelas ruas da cidade insultando os negros que encontrava e esbordoando alguns deles"; ibidem, p. 139.
65. Ibidem, p. 144-145.

2. RAÇA E CIDADANIA NO PÓS-ABOLIÇÃO MARANHENSE (1888-1889)

1. D. de Abranches, *A Esfinge do Grajaú*, p. 68.
2. Ibidem.
3. Ibidem, p. 70.
4. Fonte: J.M. de Carvalho, *Pontos e Bordados*, p. 74.
5. Ibidem.
6. Cf. O. Ianni, *As Metamorfoses do Escravo*; F.H. Cardoso, *Capitalismo e Escravidão do Brasil Meridional*; e F. Fernandes, *A Integração do Negro na Sociedade de Classes*.
7. Cf. R.H. Faria, *Mundos do Trabalho no Maranhão Oitocentista*.
8. Imagem extraída de M.R. Assunção, *De Caboclos a Bem-te-Vis*, p. 501.
9. F. Reis, *Grupos Políticos e Estrutura Oligárquica no Maranhão*, p. 38.

10. Cf. B.J. Barickman, Até à Véspera: O Trabalho Escravo e a Produção de Açúcar nos Engenhos do Recôncavo Baiano (1850-1881), *Afro-Ásia*, n. 21-22.
11. Ver também: I.M. Mata, Libertos de Treze de Maio e Ex-Senhores na Bahia: Conflitos no Pós--Abolição, *Afro-Ásia*, n. 35.
12. Cf. W. Hawthorne, *From Africa to Brazil*, p. 118-119.
13. Cf. R.H. Faria, Demografia, Escravidão Africana e Agroexportação no Maranhão Oitocentista, *Ciências Humanas em Revista*, v. 2, p. 92.
14. Cf. F. de A.L. Mesquita, *Vida e Morte da Economia Algodoeira do Maranhão*.
15. Cf. M.R. Assunção, Quilombos Maranhenses, em J.J. Reis; F. dos S. Gomes (orgs.), *Liberdade Por um Fio*, p. 436.
16. "Além do mais, grande parte dessas matas no centro da província escapava totalmente ao controle do Estado. Era uma verdadeira fronteira, além da qual desertores, quilombolas e outros fugitivos podiam sentir-se relativamente seguros. Fronteiras desse tipo existiam em muitas regiões brasileiras. Mas o que distingue o Maranhão é que a área ocupada pelas fazendas escravistas é imediatamente limítrofe à fronteira, tanto que ambas muitas vezes se confundem. Em geral não existiu, durante o século XIX, uma zona intermediária, povoada por uma população pobre livre, tendo a função de 'desbravar' o território, se constituindo numa frente de expansão, precedendo a 'frente pioneira' escravista. Tanto que eram frequentes as queixas dos fazendeiros do Itapecuru, Mearim e Viana não somente contra quilombolas, mas também contra o 'gentio' que ainda povoava as matas próximas. A constituição de frentes camponesas avançando para dentro da fronteira é um fenômeno mais recente, do qual os quilombolas podem ser considerados, a justo título, os precursores"; M.R. Assunção, Quilombos Maranhenses, em J.J. Reis; F. dos S. Gomes (orgs.), *Liberdade Por um Fio*, p. 434. Assim, os quilombolas realizaram uma ação colonizadora no território maranhense, ocupando diversas áreas, muito além da fronteira escravista. Segundo Flavio dos Santos Gomes, "o desbravamento e a interiorização econômica de algumas fronteiras do oeste do Maranhão, na divisa com a província do Pará, estiveram condicionadas aos espaços de ocupação, ou não, de áreas por camponeses negros e grupos indígenas"; F. dos S. Gomes, Roceiros, Mocambeiros e as Fronteiras da Emancipação no Maranhão, em F. dos S. Gomes; O.M. Gomes (orgs.), *Quase-Cidadão*, p. 151. O historiador refere-se às sociedades quilombolas localizadas próximo às margens do rio Turiaçu, que permaneceram ali até o pós-abolição, apesar das sucessivas ondas de repressão que enfrentaram no século XIX. A dificuldade de desfazer por completo essas comunidades é que não bastava ocupar essas áreas na floresta, sendo necessário integrá-las ao poder do Estado e às redes mercantis vinculadas à plantação escravista.
17. A.W.B. de Almeida, *Terras de Preto, Terras de Santo, Terras de Índio, Terras de Quilombo, Terras Indígenas...*, p. 144-145.
18. Ibidem.
19. Cf. Idem, *Os Quilombos e a Base de Lançamento de Foguetes de Alcântara*, p. 73.
20. Cf. F. dos S. Gomes, *A Hidra e os Pântanos*, p. 159-160 e p. 183-184.
21. Cf. B. Souza Filho, *Bom Sucesso*; e sobre a comunidade de Bom Jesus dos Pretos, L.E. Soares, *Campesinato*.
22. L.E. Soares, op. cit., p. 39.
23. Assembleia Geral, *Diário do Maranhão*, 25 jul. 1877, p. 1.
24. Ibidem. As expressões (*Apoiados*) e (*Muito apoiados*) fazem parte da transcrição de uma fala na Assembleia Geral do Império. Os jornais, para indicar que num determinado momento o parlamentar foi aplaudido e outras reações ou manifestações do público, incluía essas referências.
25. Cf. P. Eisenberg, *A Questão da Mão de Obra nos Congressos Agrícolas de 1878, Homens Esquecidos*.
26. Cf. A.W.B. de Almeida, *Ideologia da Decadência*.
27. D. de Abranches, *O Cativeiro*, p. 34.
28. A. Azevedo, *O Mulato*, p. 395.
29. Cf. L.K. Schwarcz, *O Espetáculo das Raças*; T. Skidmore, *Preto no Branco*.
30. Cf. M. Corrêa, *As Ilusões da Liberdade*.
31. A essa inferência teórica o autor soma uma observação empírica: "Nos partos que observamos com relação à matéria notamos que a maior parte das vezes logo que o trabalho de parto se declarava, as mulheres tornavam-se mais concentradas, menos expansivas e com certa calma esperavam a terminação. No corrente ano deu-se o seguinte fato, aliás muito interessante, com uma negra que ocupava o

leito n. 15 da Maternidade da Faculdade de Medicina. Essa mulher, sem que fenômeno algum doloroso lhe indicasse a aproximação do parto, foi acometida de uma sensação de peso no baixo ventre; buscando satisfazer a necessidade natural, foi surpreendida pelo nascimento de seu filho, sem que tivesse tempo de voltar ao seu leito!"; J.J. Ferreira, *Do Parto e Suas Consequências na Espécie Negra*, p. 35-36.
32. Ibidem, p. 35.
33. Ibidem.
34. Anthropologia Criminal, *Pacotilha*, 18 mar. 1889, p. 2.
35. Ibidem.
36. Para uma discussão interessante sobre esse tema, ver F. Cooper; T.C. Holt; R.J. Scott, *Além da Escravidão*.
37. 13 de Maio, *Pacotilha*, 13 mai. 1888, p. 2. (Grifos nossos.)
38. Passeata, *Diário do Maranhão*, 12 mai. 1888, p. 1.
39. N. Moraes, *Vencidos e Degenerados*, p. 13-14.
40. D. de Abranches, *O Cativeiro*, p. 33.
41. Informações vindas do Rozario, *Diário do Maranhão*, 18 mai.1888, p. 2.
42. Controle Social e Resistência em Tempos de Liberdade, p. 1. (Comunicação na SBPC Regional.)
43. Reacção Esclavagista, *Pacotilha*, 22 mai. 1888, p. 3.
44. Em Que Terra Vivemos, *Pacotilha*, 22 mai. 1888, p. 2.
45. Reacção Esclavagista, *Pacotilha*, 22 mai. 1888, p. 3.
46. V. Castello, O Club Artístico Abolicionista Maranhense ao Público, *Pacotilha*, p. 3.
47. N. Moraes, op. cit., p. 13-14.
48. R.H. Faria, Mundos do Trabalho no Maranhão, p. 1.
49. M.R. Assunção, Memórias do Tempo de Cativeiro no Maranhão, *Tempo*, v. 15, n. 19, p. 85.
50. W.R. de Albuquerque, A Vala Comum da "Raça Emancipada", *História Social*, p. 103-104.
51. Seção Geral, *Diário do Maranhão*, 13 jul.1888, p. 1.
52. Meretíssimos Senhores da Associação Comercial, *Diário do Maranhão*, 28 mai.1888, p. 2.
53. Ibidem.
54. Ibidem.
55. Ibidem.
56. C.T. Gonçalves, [s.t.], *O Paiz*, 30 mai.1888, p. 3.
57. Ibidem.
58. Ibidem.
59. Ibidem.
60. P.J., Substituição do Trabalho Servil Pelo Trabalho Livre, *O Paiz*, 2 jun. 1888, p. 2.
61. Ibidem.
62. Ibidem, p. 3.
63. Ilmos. Srs. Presidente e Mais Directores da Sociedade Auxiliadora da Lavoura e da Industria, *O Paiz*, 13 ago.1888, p. 3.
64. Cf. S. Chalhoub, *Visões da Liberdade*.
65. Ilmos. Srs. Presidente e Mais Directores da Sociedade Auxiliadora da Lavoura e da Industria, *O Paiz*, 13 ago. 1888, p. 3.
66. As ambiguidades dessa representação coletiva foram examinadas em Afrânio Garcia, Libertos e Sujeitos: Sobre a Transição Para Trabalhadores Livres do Nordeste, *Revista Brasileira de Ciências Sociais*. Ver também W. Fraga Filho, Sujeição e Liberdade em um Engenho do Recôncavo, *Encruzilhadas da Liberdade*.
67. Cf. M.R. Assunção, Memórias do Tempo de Cativeiro no Maranhão, *Tempo*, v. 15, n. 19.
68. Ilmos. Srs. Presidente e Mais Directores da Sociedade Auxiliadora da Lavoura e da Industria, *O Paiz*, 13 ago. 1888, p. 3.
69. G. Ramos, *Introdução Crítica à Sociologia Brasileira*, p. 165.

3. A LIBERDADE DOS BRANCOS

1. Cf. E.V. da Costa, *Da Monarquia à República*.
2. Cf. H. Mattos, *Escravidão e Cidadania no Brasil Monárquico*.
3. A ideia de "liberdade dos brancos" não era nova. O cientista político Christian Edward Cyril Lynch a flagrou em meio às reações dos liberais contra a Lei do Ventre Livre (1871): "Em *O Brasil em 1870*, o liberal Souza Carvalho pôs o dedo na ferida: 'Tem-se falado em liberar os pretos [...] No Brasil, não falta somente forrar os negros; falta também emancipar os brancos' – ou seja, a elite proprietária em face da tutela da Coroa. O que é vergonhoso é o absolutismo do governo, a violência da autoridade, a inércia e a inépcia da administração. Como diziam então, *alforriado o negro*, era hora de *alforriar o branco*. Era o que proclamava o senador liberal Zacarias de Góis Vasconcelos em 1871: 'Extinga-se a escravidão dos negros, e um dia virá a liberdade dos cidadãos ora oprimidos.' Contra a libertação dos escravos, os adversários da reforma social opunham, portanto, a libertação dos senhores de terra do despotismo político da Coroa,

pelo parlamentarismo ou pela república, que chegaria vinte anos depois." Ver C.E.C Lynch, Liberdade, em J. Feres Júnior (org.), *Léxico da História dos Conceitos Políticos do Brasil*, p. 337. Conforme argumentou James Woodard, entre os republicanos paulistas, talvez os principais responsáveis pela disseminação da ideia de república como uma "liberdade dos brancos" no pós-abolição, esse discurso ampliou a metáfora da cor de sua referência original à emancipação política daqueles que já eram cidadãos na sociedade escravista. Referia-se também ao caráter racial da República vindoura, pois o modelo de cidadania defendido pelo movimento previa a substituição dos antigos escravizados por imigrantes europeus, não apenas para suprir a carência de mão de obra, mas também por serem imaginados como uma raça superior, capazes de renovar e purificar o sangue dos brasileiros dos efeitos deletérios da miscigenação. O autor chama a atenção para o modo como Machado de Assis capturou, com a ironia que lhe é peculiar, a disseminação dessas "ideias paulistas", termos do romancista, num de seus livros mais famosos: "Em *Esaú e Jacob* (1904), um dos dois protagonistas, discursando em São Paulo no dia 20 de maio de 1888, disse, 'A abolição é a aurora da liberdade; esperemos o sol; emancipado o preto, resta emancipar o branco.' Ao narrador resta uma explicação mais ampla: 'a frase do discurso não era propriamente do [Paulo]; não era de ninguém. Alguém a proferiu um dia, em discurso ou conversa, em gazeta ou em viagem de terra ou de mar. Outrem a repetiu, até que muita gente a fez sua. Era nova, era enérgica, era expressiva, ficou sendo patrimônio comum.'" Cf. J.P. Woodard. De Escravos e Cidadãos: Raça, Republicanismo e Cidadania em São Paulo (Notas Preliminares), em M. Abreu et al. (orgs.), *Histórias do Pós-Abolição no Mundo Atlântico*, p. 66.
4. C.E.L. Soares, A Guarda Negra: A Capoeira no Palco da Política, *Revista de Textos do Brasil*, p. 46.
5. A. Alonso, *Flores, Votos e Balas*, p. 362.
6. Cf. J. Nabuco, O Eclipse do Abolicionismo, *Obras Completas de Joaquim Nabuco*.
7. A.Q.C. Moreira, *Gomes de Castro, Benedicto Leite e Urbano Santos*, p. 12.
8. É o caso do deputado João Henrique Vieira da Silva: "Encerradas as câmaras, apresentou-se nesta capital, o sr. deputado João Henrique que foi recebido com a maior indiferença pelo comércio. E teve esta respeitável classe razão de sobra para manifestar-lhe por este meio o seu descontentamento, não podia ter outro procedimento, pois ele eleito deputado por um partido que queria a emancipação gradual do elemento servil, mediante prévia indenização, acompanhou depois o governo do sr. João Alfredo, que prestou-se a acabar de chofre com esse elemento por um ato de verdadeira extorsão, concorrendo diretamente seu apoio ao governo, para que o mesmo comércio e lavoura fossem prejudicados nos seus interesses. Por este procedimento do sr. João Henrique, conheceu o comércio que o deputado eleito pelo 4º distrito da província não exercia bem o seu mandato – que o traía mesmo, pois incumbido de zelar pelos interesses conservadores da sociedade, passou-se, ao aceno do poder, para a vanguarda dos arraiais contrários, concorrendo o seu voto para a passagem da precipitada lei de 13 de maio de 1888 – que aniquilou um grande capital da lavoura e colocou o comércio na deplorável situação de não poder mais reaver os aditamentos que lhe tinha feito"; O Sr. João Henrique e o Commercio, *O Paiz*, 4 fev. 1889, p. 2.
9. Seção Geral, *Diário do Maranhão*, 14 jul. 1888, p. 1. (Grifos nossos.)
10. Elaboração própria, a partir da leitura dos jornais *Pacotilha, Diário do Maranhão* e *O Paiz*, edições referentes aos meses de julho e agosto de 1888.
11. M.J. de Moraes, Seção Geral, *Diário do Maranhão*, 28 jun. 1888, p. 2.
12. S. Vieira, *Diário do Maranhão*, 17 jul. 1888, p. 1.
13. A redação governista do *Diário do Maranhão* atacava: "É geralmente sabido que toda a confiança do senhor Gomes de Castro repousava no Barão de Cotegipe ou, pelo menos, tinha nele seu principal apoio. S. Exc. nas cartas que dirigia [...] aos seus amigos do interior, dizia-lhes sempre para que não perdessem a fé, pois o barão de Cotegipe devia ser chamado ao poder mesmo antes da abertura das câmaras. [...] Qual será o fundamento da esperança do Sr. Gomes de Castro na indenização? O Sr. Paulino de Souza? Mas, como todos sabem, o Sr. barão de Cotegipe, que não era um chefe local e sim o chefe supremo de toda a grey conservadora do Imperio, não representava um elemento próprio, representava o elemento do Sr. Paulino de Souza, que foi sempre o maior inimigo que teve a abolição no Brasil. Ora o Sr. barão de Cotegipe já havia

reconhecido perante o senado a impossibilidade da indenização [...] Em vista disso poderá o Sr. Gomes de Castro invocar em seu favor o nome do Sr. Paulino de Souza? O que, em todo caso, está fora dúvida, é que o prestígio do Sr. Paulino de Souza, como chefe conservador, representa hoje apenas uma fração do partido, no sul do Império e ainda assim mui diminuidamente pela passagem, para a *República*, de grande número de seus amigos: e desde que fosse-lhe necessário, para poder vencer, abrir luta com os conselheiros João Alfredo, Prado, Guaby e outros chefes importantíssimos, terá forçosamente de sofrer tremenda derrota"; O Sr. Gomes de Castro e a Indenização, *Diário do Maranhão*, 28 fev. 1889, p. 2.

14. J.R.C. Caldeira, *Origens da Indústria do Sistema Agroexportador Maranhense*, p. 141.
15. H. Airlie et al., Immigração, *Diário do Maranhão*, 7 jan. 1889, p. 2. Trata-se de três comunicados dirigidos aos lavradores, municipalidades e magistrados da província.
16. J.M. Alves, Governo Geral, *Diário do Maranhão*, 31 jan. 1889, p. 1-2.
17. O Sr. Gomes de Castro e a Indenização, *Diário do Maranhão*, 2 mar. 1889, p. 2.
18. J.R.C. Caldeira, op. cit., p. 155-156.
19. G.C.A. Boehrer, *Da Monarquia à República*, p. 168-169.
20. O Movimento Republicano, *Pacotilha*, 27 jun. 1888, p. 2.
21. Ibidem.
22. M. Meireles, *Dez Estudos Históricos*, p. 105.
23. Cf. ibidem.
24. Cf. L.A. Ferreira, Os Clubes Republicanos e a Implantação da República no Maranhão (1888-1889), em W.C. da Costa (org.), *História do Maranhão: Novos Estudos*.
25. Ibidem.
26. Sousândrade, Scentelhas, *O Novo Brazil*, 7 nov. 1888, p. 1-2.
27. Um Republicano, Verdade e Franqueza: A Lei de 13 de Maio e etc., *O Novo Brazil*, 30 ago. 1888, p. 3.
28. A República, *O Novo Brazil*, 8 set. 1888, p. 2.
29. L.A. Ferreira, op. cit., p. 31.
30. Apud L.A. Ferreira, op. cit., p.100.
31. Sousândrade, Scentelhas, *O Novo Brazil*, 23 jan. 1889, p. 1.
32. Cf. A. Alonso, op. cit.
33. Cf. C.M.A. de Miranda, *Guarda Negra da Redentora*.
34. Chronica de Hontem, *Cidade do Rio*, 10 jul. 1888, p. 2.
35. O Dia de Hontem, *Cidade do Rio*, 31 dez. 1888, p. 1.
36. Ibidem.
37. Rio de Janeiro, *Pacotilha*, 26 jan. 1889, p. 2 (do *Jornal do Recife*).
38. Ibidem.
39. R.A.A. Pereira, Marinheiros, Moleques e Heróis, *Afro-Ásia*, n. 58, p. 57.
40. L.A. Ferreira, Os Clubes Republicanos e a Implantação da República no Maranhão (1888-1889), em W.C. da Costa (org.), *História do Maranhão: Novos Estudos*, p. 215.
41. Cf. C.E.L. Soares, op. cit.
42. Cf. F. dos S. Gomes, No Meio das Águas Turvas, *Estudos Afro-Asiáticos*, n. 21.
43. Rio de Janeiro, *Pacotilha*, 26 jan. 1889, p. 2-3 (do *Jornal do Recife*).
44. *Pacotilha*, 4 fev. 1889, p. 3.
45. Sr. Redator, Correspondência, *O Novo Brazil*, 16 mar. 1889, p. 4.
46. A Guarda Negra, *O Novo Brazil*, 15 abr. 1889, p. 3-4.
47. Sousândrade, Scentelhas, *O Novo Brazil*, 17 ago. 1889, p. 1.
48. J. Picot, Salve Brazil!, *O Globo*, 1º dez. 1889, p. 2.
49. Ibidem.
50. *Pacotilha*, 29 jul. 1889, p. 3.
51. Recepção ao Conde d'EU, *Diário do Maranhão*, 27 jul. 1889, p. 1.
52. Conde D'Eu, *Civilisação*, 3 ago. 1889, p. 1.
53. Cf. M. Meireles, op. cit.; L.A. Ferreira, op. cit.
54. Cf. P. Domingues, Cidadania Levada a Sério, em F. dos S. Gomes; P. Domingues (orgs.), *Políticas da Raça*.
55. A.S. Guimarães, A República de 1889, *Contemporânea*, n. 2, p. 19.
56. J.R. Caldeira, op. cit., p. 142-143.
57. Crimes e Criminosos, *O Globo*, 7 set. 1889, p. 2.
58. A Província, *O Globo*, 7 set. 1889, p. 1.
59. O Conselheiro Gomes de Castro, *O Globo*, 16 out. 1889, p. 2.
60. D. Barbosa, *Silhuetas*, p. 41.
61. M. Meireles, op. cit., p. 105.
62. D. Abranches, *O Cativeiro*, p. 120-121.
63. Coisas Esdrúxulas, *O Globo*, 12 set. 1889, p. 3
64. J.M. Alves, Governo Geral, *Diário do Maranhão*, 31 jan. 1889, p. 1-2.

4. O MASSACRE
1. M. Meireles, *História do Maranhão*, p. 269.
2. C. de Lima, *História do Maranhão – A República*, p. 33.
3. M. Meireles, op. cit., p. 269.
4. *Elementary Aspects of Peasant Insurgency in Colonial India*, p. 256.
5. A. Ghosh, The Role of Rumor in History Writing, *History Compass*, v. 6, n. 5, p. 1236.
6. A.R. de Mello, Veritas Super Omnia, *Pacotilha*, 5 jun. 1893, p. 3. Ambos os textos são uma resposta a uma nota publicada pelo dr. Brandão no jornal *O Federalista*, a 27 mai. 1893.
7. M. Leda, Ao Público, *Pacotilha*, 3 jun. 1893, p. 3.
8. A.R. de Mello, Veritas Super Omnia, *Pacotilha*, 5 jun. 1893, p. 3.
9. *O Globo*, 19 nov. 1889, p. 3.
10. Ibidem.
11. F. Machado, Ao Dr. Casemiro Junior, *Pacotilha*, 21 dez. 1889, p. 2.
12. J.L. da S. Milanez, *Apontamentos escritos pelo Capitão do Exército José Lourenço da Silva Milanez*, fl. 6.
13. *O Novo Brazil*, 3 dez. 1889, p. 2-3.
14. Cf. J.M. de Carvalho, *A Construção da Ordem*.
15. J.L. da S. Milanez, op. cit., fl. 14.
16. Ibidem, fl. 24.
17. J. Picot, Salve Brazil!, *O Globo*, 1º dez. 1889, p. 2.
18. M. Gato, Espaço, Cor e Distinção Social em São Luís, em A. Barone; F. Rios (orgs.), *Negros nas Cidades Brasileiras*; e Recenseamento do Brasil de 1890 (Diretoria Geral de Estatística), Synopse do Recenseamento de 31 de dezembro de 1890.
19. A. Marques, *A Nova Aurora*, p. 57. Grifos nossos.
20. J.L. da S. Milanez, op.cit., fl. 24.
21. Ibidem, fl. 26.
22. C. Jacinto, A Chegada da Liberdade, comunicação oral.
23. A.R. Bello, Governo Provisorio, *O Globo*, 27 nov. 1889, p. 3.
24. Ibidem.
25. V. Correa, *O Brasil dos Meus Avós*, p. 131-132.
26. Ibidem, p. 135.
27. Ibidem, p. 132-133.
28. G. Freyre, *Ordem e Progresso*, p. 210.
29. D. de Abranches, *Memórias de um Histórico*, p. 220.
30. Ibidem.
31. A.R. Bello, Governo Provisorio, *O Globo*, 27 nov. 1889, p. 3.
32. D. de Abranches, op. cit., p. 221.
33. D. de Abranches, *A Esfinge do Grajaú*, p. 198.
34. Ibidem, p. 199.
35. A. Alonso, *Flores, Votos e Balas*, p. 149-151.
36. A. Marques, *A Nova Aurora*, p. 53-55.
37. C. Jacinto, op. cit.; D. de Abranches, *O Cativeiro*, p. 148.
38. A. Marques, op. cit., p. 57.
39. Ibidem, p. 60.
40. Cf. D. Vieira Filho, *Breve História das Ruas e Praças de São Luís*.
41. J.L. da S. Milanez, op.cit., fl. 32-33.
42. C. Teixeira, Zé Igarapé (I): O Gigante do Boi da Madre Deus, *Jornal Pequeno*, 14 jun. 2002, p. 2.
43. Ibidem.
44. J. Milanez, op. cit., fl. 26 e 26v.
45. A. Marques, op. cit., p. 77.
46. Ibidem.
47. A.B.B. de Godóis, *História do Maranhão*, p. 361.
48. Nas palavras de Godóis: "a Polícia, cometida na própria capital a pessoas as menos idôneas para exercerem-na, por conhecida falta de critério, tratou aí mesmo de se impor pelo medo, efetuando prisões a torto e a direito, castigando com palmatoadas a pessoas do povo de um e outro sexo, e raspando-lhes a navalha as sobrancelhas e metade do cabelo da cabeça"; A. Godóis, op. cit., p. 361.
49. *O Globo*, 19 nov. 1889, p. 3.
50. Casimiro Júnior, A Força da Especulação, *O Globo*, 23 dez. 1889, p. 2.
51. C. Jacinto, op. cit.
52. A. Marques, op. cit., p. 84.
53. Ibidem, p. 99.
54. *Pacotilha*, 19 dez. 1889, p. 2.
55. Ibidem.
56. Cf. J.D. Needell, Brazilian Abolitionism, Its Historiography, and the Uses of Political History, *Journal of Latin American Studies*, v. 42.
57. Castigos Policiais, *Diário do Maranhão*, 20 dez. 1889, p. 3.
58. Casimiro Júnior, A Força da Especulação, *O Globo*, 23 dez. 1889, p. 2.
59. Ibidem.
60. C. Teixeira, Zé Igarapé (I): O Gigante do Boi da Madre Deus, *Jornal Pequeno*, 14 jun. 2002, p. 2.
61. Cf. O 13 de Maio, *Pacotilha*, 13 mai. 1893; A.S. Guimarães, A República de 1889, *Contemporânea*, n. 2.

5. A FRATERNIDADE RACIAL

1. M. Sahlins, *Ilhas de História*, p. 15.
2. A.R. Lopes et al, O Governo Provisorio, *O Globo*, 26 nov. 1889, p. 3.
3. Ibidem, p. 2.
4. Ibidem. (Grifos nossos.)
5. Sousândrade, Practicas Familiares de Democracia, *O Globo*, 27 nov. 1889, p. 2.
6. P. Tavares Júnior, Governo do Estado, *A República*, 23 dez. 1889, p. 2. (Grifos nossos.)
7. Na atual flâmula paulista, concebida pelo republicano Júlio Ribeiro para ser a bandeira brasileira, havia originalmente referências às "três raças" do país. O próprio Júlio Ribeiro escreveu: "a bandeira simboliza de modo perfeito a gênese do povo brasileiro, as três raças de que ela se compõe – branca, preta e vermelha"; J. Ribeiro, *O Rebate*, 16 de julho de 1888, p. 1; cf. também H. Federici, *Símbolos Paulistas*, p. 21. Entretanto, como o pavilhão não foi adotado como bandeira do país, ficou popularmente conhecida como "bandeira paulista", mas sem ser adotada oficialmente até Revolução de 1932, quando recebeu uma interpretação inteiramente nova. Nela, as treze linhas entre o branco e o negro representam os dias e as noites que os bandeirantes lutaram pelo estado. O retângulo vermelho representa o sangue derramado pelos bandeirantes, no qual está contido um círculo de fundo branco com o mapa do Brasil em azul que significa a pujança que os bandeirantes trouxeram para o estado de São Paulo. Interessante notar que em flagrante diferença ao simbolismo da bandeira maranhense, parece ter sido justamente a menção original aos negros na bandeira paulista que dificultou sua adoção oficial no estado de São Paulo durante toda a Primeira República. Em 1931, antes de a flâmula ganhar o novo significado bandeirantista, Afonso Taunay asseverou que se tratava de um "símbolo pavorosamente feio, oriundo dos tempos da propaganda republicana, a bandeira que se diz da invenção de Júlio Ribeiro, a impropriamente chamada 'bandeira paulista', lúgubre, inestética, insignificativa. Graças a Deus nunca foi oficializada, mas por infelicidade, é muito adotada. Assim desapareça do todo o emprego desse pano mortuário alvinegro, arvorado em pendão estadual. Insignificativa hoje mais do que nunca, porque atribui à população paulista uma dosagem de sangue africano inteiramente falsa, pois em terras de São Paulo a porcentagem dos euro-americanos foi imensamente superior à dosagem dos elementos afros, eurafricanos e afro-americano"; A. Taunay, Heráldica Municipal Brasileira, *Jornal do Comercio*, p. 3.
8. J.M. de Carvalho, *Os Bestializados*, p. 111.
9. Ibidem.
10. P. Tavares Júnior, Governo do Estado, *A República*, 23 dez. 1889, p. 2.
11. "Tanto a história dos povos quanto a dos indivíduos nos mostra que o gênio da história (do Mundo), que conduz o gênero humano por caminhos cuja sabedoria sempre devemos reconhecer, não poucas vezes lança mão de cruzar as raças para alcançar os mais sublimes fins na ordem do mundo. [...] Jamais nos será permitido duvidar que a vontade da Providência destinou ao Brasil a esta mescla. O sangue Português, em um poderoso e caudaloso rio deverá absorver os pequenos confluentes das raças Índia e Etiópica." (K.F.P. von Martius, Como Se Deve Escrever a Historia do Brasil, *Revista Trimestral de História e Geografia do Instituto Histórico e Geográfico Brasileiro*, n. 24, p. 383.) O autor sugere no artigo que, assim como se dá com a quantidade de faixas na bandeira maranhense, também entre os "os pequenos confluentes das raças" indígenas e africanas, os negros constituiriam o menor dos "rios" da civilização no Brasil.

Referências Bibliográficas

FONTES

13 DE MAIO. *Pacotilha*, 13 de maio de 1888.
ABRANCHES, Dunshee de. *Memórias de Um Histórico*. Rio de Janeiro: Tipografia Official do Jornal do Brasil, 1895.
____. *O Cativeiro*. São Luís: Alumar, 1992.
____. *A Esfinge do Grajaú*. São Luís: Alumar, 1993.
A GUARDA NEGRA. *O Novo Brazil*, 15 de abril de 1889.
A PROVÍNCIA. *O Globo*, 7 de setembro de 1889.
A REPÚBLICA. *O Novo Brazil*, 8 de setembro de 1888.
AIRLIE, Henry et al. Immigração. *Diário do Maranhão*, 7 de janeiro de 1889.
ALVES, José Moreira. Governo Geral. *Diário do Maranhão*, 31 de janeiro de 1889.
ANTHROPOLOGIA Criminal. *Pacotilha*, 18 de março de 1889.
ASSEMBLEIA Geral. *Diário do Maranhão*, 25 de julho de 1877.
AZEVEDO, Aluízio. *O Mulato*. São Luís: Typ. do Paiz, 1881.
BELLO, Antonio Raimundo. Governo Provisorio. *O Globo*, 27 de novembro de 1889.
CASIMIRO JÚNIOR. A Força da Especulação. *O Globo*, 23 de dezembro de 1889.
CASTELLO, Victor. O Club Artístico Abolicionista Maranhense ao Público. *Pacotilha*, 22 de maio de 1888.
CASTIGOS Policiais. *Diário do Maranhão*, 20 de dezembro de 1889.
CASTRO, Joaquim. Dr. Paula Duarte. *O Globo*, 18 de dezembro de 1889.
CHRONICA de Hontem. *Cidade do Rio*, 10 de julho de 1888.
COISAS Exdrúxulas. *O Globo*, 12 de setembro de 1889.
CONCIDADÃOS! *O Globo*, 21 de novembro de 1889.
CONDE D'Eu. *Civilisação*, 3 de agosto de 1889.

CRIMES e Criminosos. *O Globo,* 7 de setembro de 1889.
EM QUE Terra Vivemos. *Pacotilha,* 22 de maio de 1888.
FARIA, Regina Helena. Controle Social e Resistência em Tempos de Liberdade: Os Ecos da Escravidão. *Comunicação na SBPC Regional.* São Luís: 2004.
FERREIRA, Justo Jansen. *O Parto na Espécie Negra.* Rio de Janeiro: Tipografia Lammert, 1887.
_____. Planta da Cidade de São Luís, 1912.
GODÓIS, Antonio Batista Barbosa de [1904]. *História do Maranhão.* São Luís: AML/Eduema, 2008.
GONÇALVES, Carlos Theodoro. [S.t.]. *O Paiz,* 30 de maio de 1888.
ILMOS. SRS. Presidente e Mais Directores da Sociedade Auxiliadora da Lavoura e da Industria. *O Paiz,* 13 de agosto de 1888.
IMPÉRIO do Brazil. *Recenseamento do Brazil em 1872.* Rio de Janeiro: Typ. G. Leuzinger, [1874?].
INFORMAÇÕES Vindas do Rozario. *Diário do Maranhão,* 18 de maio de 1888.
LEDA, Marianno. Ao Público, *Pacotilha,* 3 de junho de 1893.
LOPES, Antonio Ramos; REIS, Joaquim Sant'Anna et al. O Governo Provisorio. *O Globo,* 26 de novembro de 1889.
MACHADO, F. da Cunha. Ao Dr. Casemiro Junior. *Pacotilha,* 21 de dezembro de 1889.
MARQUES, Astolfo. *A Nova Aurora.* São Luís: Tipografia Teixeira, 1913.
MELLO, Antonio Rodrigues de. Veritas Super Omnia. *Pacotilha,* 5 de junho de 1893.
MERETÍSSIMOS Senhores Directores da Associação Comercial. *Diário do Maranhão,* 28 de maio de 1888.
MILANEZ, José Lourenço da Silva. *Apontamentos Escritos Pelo Capitão do Exército José Lourenço da Silva Milanez.* Maranhão: [s.n.], dez. 1889.
MORAES, Manuel João de. Seção Geral, *Diário do Maranhão,* 28 de junho de 1888.
MORAES, Nascimento. *Vencidos e Degenerados.* São Luís: Tipografia Ramos d'Almeida, 1915.
MOREIRA, Arthur Q. Collares. *Gomes de Castro, Benedicto Leite e Urbano Santos.* Rio de Janeiro: Jornal do Comércio Rodrigues e Cia, 1939.
NABUCO, Joaquim. O Eclipse do Abolicionismo. *Obras Completas de Joaquim Nabuco, v. 12: Campanhas de Imprensa (1884-1887).* São Paulo: Instituto Progresso Editorial, 1949.
O CONSELHEIRO Gomes de Castro. *O Globo,* 16 de outubro de 1889.
O DIA de Hontem. *Cidade do Rio,* 31 de dezembro de 1888.
O MOVIMENTO Republicano. *Pacotilha,* 27 de junho de 1888.
O SR. GOMES de Castro e a Indenização. *Diário do Maranhão,* 28 de fevereiro de 1889.
O SR. JOÃO Henrique e o Commercio. *O Paiz,* 4 de fevereiro de 1889.
PASSEATA. *Diário do Maranhão,* 12 de maio de 1888.
PICOT, José. Salve Brazil! *O Globo,* 1º de dezembro de 1889.
P.J., Substituição do Trabalho Servil pelo Trabalho Livre. *O Paiz,* 2 de junho de 1888.
PORCIUNCULA, José Thomaz da. *Relatório Com Que o Exmo Im. Dr. Thomaz da Porciuncula Passou a Administração do Estado em 7 de Julho de 1890.* São Luís: Tip. Frias e Filho, 1890.
REACÇÃO Esclavagista. *Pacotilha,* 22 de maio de 1888.
RECEPÇÃO ao Conde d'EU. *Diário do Maranhão,* 27 de julho de 1889.
RIBEIRO, Júlio. [s.t.]. *O Rebate,* 16 de julho de 1888.
RIO de Janeiro. *Pacotilha,* 26 de janeiro de 1889.

SEÇÃO Geral. *Diário do Maranhão*, 13 de julho de 1888.
SEÇÃO Geral. *Diário do Maranhão*, 14 de julho de 1888.
SOUZÂNDRADE. Scentelhas. *O Novo Brazil*, 7 de novembro de 1888.
____. Scentelhas. *O Novo Brazil*, 23 de janeiro de 1889.
____. Scentelhas. *O Novo Brazil*, 23 de fevereiro de 1889.
____. Scentelhas. *O Novo Brazil*, 17 de agosto de 1889.
____. Practicas Familiares de Democracia. *O Globo*, 27 de novembro de 1889.
SR. Redator, Correspondência. *O Novo Brazil*, 16 de março de 1889.
[S.T.]. *O Globo*, 19 de novembro de 1889.
[S.T.]. *O Globo*, 26 de novembro de 1889.
[S.T.]. *O Novo Brazil*, 3 de dezembro de 1889.
[S.T.]. *Pacotilha*, 4 de fevereiro de 1889.
[S.T.]. *Pacotilha*, 19 de dezembro de 1889.
TAUNAY, Afonso E. Heráldica Municipal Brasileira. *Jornal do Comercio*, Rio de Janeiro, 1931.
TAVARES JÚNIOR, Pedro. Governo do Estado. *A República*, 23 de dezembro de 1889.
TEIXEIRA, César. Zé Igarapé (I): O Gigante do Boi da Madre Deus. *Jornal Pequeno*, 14 de junho de 2002.
TELEGRAMA d'O Globo. *O Globo*, 16 de novembro de 1889.
VIEIRA, Sergio. Seção Geral. *Diário do Maranhão*, 17 de julho de 1888.
UM Republicano. Verdade e Franqueza: a Lei de 13 de Maio e etc. *O Novo Brazil*, 30 de agosto de 1888.
WILLIANS, Frederick G.; MORAES, Jomar (orgs.) [1889]. *Poesia e Prosa Reunidas de Souzândrade*. São Luís: Edições AML, 2003.

BIBLIOGRAFIA

ABREU, Martha; DANTAS, Carolina; MATTOS, Hebe; MONSMA, Karl; LONER, Beatriz (orgs.). *Histórias do Pós-Abolição no Mundo Atlântico: Identidades e Projetos Políticos*. Niterói: Eduff, 2014.
ALBUQUERQUE, Wlamyra Ribeiro de. *O Jogo da Dissimulação: Abolição e Cidadania Negra no Brasil*. São Paulo: Companhia das Letras, 2009.
____. A Vala Comum da "Raça Emancipada": Abolição e Racialização no Brasil. *História Social*, n. 19, jan.-jun. 2010.
ALENCASTRO, Luiz Felipe de. *O Trato dos Viventes: Formação do Brasil no Atlântico Sul – Séculos XVI e XVII*. São Paulo: Companhia das Letras, 2006.
ALMEIDA, Alfredo Wagner Berno de. *Ideologia da Decadência. Leitura Antropológica a uma História da Agricutura do Maranhão*. Rio de Janeiro/Manaus: Casa 8/Fundação Universidade do Amazonas, 2008.
____. Terras de Preto, Terras de Santo, Terras de Índio: Uso Comum e Conflito. *Terras de Quilombo, Terras Indígenas, "Babaçuais Livres", "Castanhais do Povo", Faxinais e Fundos de Pasto: Terras Tradicionalmente Ocupadas*. Manaus: PGS-UFAM, 2008.
____. *Os Quilombos e a Base de Lançamento de Foguetes de Alcântara: Laudo Antropológico*. Brasília: MMA, 2006. 2 v.
ALONSO, Angela. *Flores, Votos e Balas: O Movimento Abolicionista Brasileiro (1868-1888)*. São Paulo: Companhia das Letras, 2015.

ANTUNES, Livia de Lauro. *Sob a Guarda Negra: Abolição Raça e Cidadania no Imediato Pós-Abolição*. Tese (Doutorado em História), UFF, Niterói, 2019.

ASSUNÇÃO, Matthias Röhrig. *De Caboclos a Bem-Te-Vis: Formação do Campesinato Numa Sociedade Escravista: Maranhão (1800-1850)*. São Paulo: Annablume, 2014.

____. Memórias do Tempo de Cativeiro no Maranhão. *Tempo*, Niterói, v. 15, n. 19, jul.-dez. 2010.

____. Quilombos Maranhenses. In: REIS, João José; GOMES, Flávio dos Santos (orgs.). *Liberdade Por um Fio: História dos Quilombos no Brasil*. São Paulo: Companhia das Letras, 2000.

BAIOCCHI, Mari de Nasaré. *Negros de Cedro: Estudo Antropológico de um Bairro Rural de Negros*. São Paulo: Ática, 1983.

BANDEIRA, Maria de Lourdes. *Território Negro em Espaço Branco: Estudo Antropológico de Vila Bela*. São Paulo: Brasiliense, 1988.

BARBOSA, Domingos. *Silhuetas*. São Luís: UEMA/AML, 2008.

BARBOSA, Muryatan Santana. *Guerreiro Ramos e o Personalismo Negro*. Dissertação (Mestrado em Sociologia), Faculdade de Filosofia, Letras e Ciências Humanas, USP, São Paulo, 2004.

BARICKMAN, Bert J. Até a Véspera: O Trabalho Escravo e a Produção de Açúcar nos Engenhos do Recôncavo Baiano (1850-1881), *Afro-Ásia*, Salvador, n. 21-22, 1998-1999.

BOEHRER, George C.A. *Da Monarquia à República: História do Partido Republicano do Brasil (1870-1889)*. Rio de Janeiro: Ministério da Educação e Cultura, 1954.

BRANDÃO, Carlos Rodrigues. *Pretos, Peões e Congos*. Brasília: Editora UNB, 1977.

CALDEIRA, José Ribamar Chaves. *Origens da Indústria do Sistema Agroexportador Maranhense: Estudo de Micro-Sociologia de Instalação de um Parque Fabril em Região do Nordeste Brasileiro no Final do Século XIX*. Tese (Doutorado em Sociologia), Faculdade de Filosofia, Letras e Ciências Humanas, USP, São Paulo, 1989.

CARDOSO, Fernando Henrique. [1962]. *Capitalismo e Escravidão do Brasil Meridional*. Rio de Janeiro: Civilização Brasileira, 2003.

CARVALHO, José Murilo de. *A Construção da Ordem: A Elite Política Imperial. Teatro de Sombras: a Política Imperial*. Rio de Janeiro: Civilização Brasileira, 2006.

____. *Pontos e Bordados: Escritos de História e Política*. Belo Horizonte: EDUFMG, 2005.

____. *Os Bestializados: O Rio de Janeiro e a República Que Não Foi*. São Paulo: Companhia das Letras, 1987.

CASTRO, Celso. *Os Militares e a República: Um Estudo Sobre Cultura e Ação Política*. Rio de Janeiro: Jorge Zahar, 1995.

CORRÊA, Mariza. *As Ilusões da Liberdade: A Escola de Nina Rodrigues e a Antropologia no Brasil*. Bragança Paulista: Edusf, 1998.

CORREA, Viriato. *O Brasil dos Meus Avós*. Rio de Janeiro: Nacional, 1927.

CHALHOUB, Sidney. *A Força da Escravidão: Ilegalidade e Costume no Brasil Oitocentista*. São Paulo: Companhia das Letras, 2012.

____. *Visões da Liberdade*. São Paulo. Companhia da Letras, 1990.

COOPER, Frederik; HOLT, Thomas C.; SCOTT, Rebecca J. *Além da Escravidão: Investigações Sobre Raça, Trabalho, Cidadania em Sociedades Pós-Emancipação*. Rio de Janeiro: Civilização Brasileira, 2005.

COSTA, Emília Viotti da. *Da Monarquia à República: Momentos Decisivos*. São Paulo: Fundação Editora Unesp, 2007.

REFERÊNCIAS BIBLIOGRÁFICAS

COUTINHO, Milson. *Subsídios Para a História do Maranhão*. São Luís: Sioge, 1978.

CUNHA, Manuela Carneiro. *Negros, Estrangeiros: Os Escravos Libertos e Sua Volta à África*. São Paulo: Companhia das Letras, 2012.

DAIBERT JUNIOR, Robert. *Isabel: A "Redentora" dos Escravos*. Bauru: Edusc, 2004.

LIMA, João. *Figuras da República Velha*. Rio de Janeiro: Tip. Baptista de Souza, 1941.

DAMATTA, Roberto A Fábula das Três Raças, ou o Problema do Racismo à Brasileira. *Relativizando: Uma Introdução à Antropologia Social*. Rio de Janeiro: Rocco, 2000.

DOMINGUES, Petrônio. Cidadania Levada a Sério: Os Republicanos de Cor no Brasil. In: GOMES, Flavio dos Santos; DOMINGUES, Petrônio (orgs.). *Políticas da Raça: Experiências e Legados da Abolição e do Pós-Emancipação no Brasil*. São Paulo: Selo Negro, 2014.

EISENBERG, Peter. *Homens Esquecidos: Escravos e Trabalhadores Livres no Brasil – Séc. XVIII e XIX*. Campinas: Editora da Unicamp, 1989.

____. *Modernização Sem Mudança: A Indústria Açucareira em Pernambuco (1840-1910)*. Rio de Janeiro/Campinas: Paz e Terra/Editora da Unicamp, 1977.

FANON, Franz. *Os Condenados da Terra*. Juiz de Fora: Editora UFJF, 2005.

FARIA, Regina Helena. Demografia, Escravidão Africana e Agroexportação no Maranhão Oitocentista. *Ciências Humanas em Revista*, São Luís, v. 2, 2004.

____. *Mundos do Trabalho no Maranhão Oitocentista: Os Descaminhos da Liberdade*. São Luís: Edufma, 2012.

FEDERICI, Hilton. *Símbolos Paulistas: Estudo Histórico-Heráltico*. São Paulo: Secretaria da Cultura, Comissão de Geografia e História, 1981.

FERNANDES. Florestan. [1975]. *A Integração do Negro na Sociedade de Classes*. São Paulo: Global, 2008.

____. Raça e Sociedade: O Preconceito Racial em São Paulo. *A Sociologia Numa Era de Revolução Social*. Rio de Janeiro: Zahar, 1976.

FERREIRA, Luiz Alberto. Os Clubes Republicanos e a Implantação da República no Maranhão (1888-1889). In: COSTA, Wagner Cabral da (org.). *História do Maranhão: Novos Estudos*. São Luís: Edufma, 2004.

____. *O Movimento Republicano e a Gênese da Reestruturação Oligárquica no Maranhão (1888-1894)*. Dissertação (Mestrado em História), Centro de Filosofia e Ciências, UFPE, Recife, 2002.

FONER, Eric. *Nada Além da Liberdade: A Emancipação e Seu Legado*. Rio de Janeiro: Paz e Terra, 1988.

FRAGA FILHO, Walter. *Encruzilhadas da Liberdade: Histórias de Escravos e Libertos na Bahia (1870-1910)*. Campinas: Editora da Unicamp, 2006.

FRENCH, John. As Falsas Dicotomias Entre Escravidão e Liberdade: Continuidades e Rupturas na Formação Política e Social do Brasil Moderno. In: LIBBY, Douglas C.; FURTADO, Júnia Ferreira (orgs.). *Trabalho Livre, Trabalho Escravo: Brasil e Europa, Séculos XVIII e XIX*. São Paulo: Annablume, 2006.

FREYRE, Gilberto. *Ordem e Progresso*. São Paulo: Global, 2004.

FRY, Peter; VOGT, Carlos. *Cafundó: A África no Brasil*. São Paulo: Companhia das Letras, 1996.

GARCIA, Afrânio. Libertos e Sujeitos: Sobre a Transição Para Trabalhadores Livres do Nordeste. *Revista Brasileira de Ciências Sociais*, São Paulo, v. 3, n. 7, jun. 1988.

GOFFMAN, Erving. *Os Quadros da Experiência Social: Uma Perspectiva de Análise*. Petrópolis: Vozes, 2012

GOMES, Flávio dos Santos; COSTA, Valeria Gomes. *Religiões Negras no Brasil: Da Escravidão à Pós-Emancipação*. São Paulo: Selo Negro, 2016.

GOMES, Flávio dos Santos; DOMINGUES, Petrônio (orgs.). *Políticas da Raça: Experiências e Legados da Abolição e do Pós-Emancipação no Brasil*. São Paulo: Selo Negro, 2014.

_____. *Experiências da Emancipação: Biografias, Instituições e Movimentos Sociais no Pós-Abolição (1890-1980)*. São Paulo: Selo Negro, 2011.

GOMES, Flávio dos Santos; CUNHA, Olivia Maria Gomes (orgs.). *Quase-Cidadão: Histórias e Antropologias do Pós-Emancipação no Brasil*. Rio de Janeiro: FGV, 2007.

GOMES, Flávio dos Santos. *A Hidra e os Pântanos: Mocambos, Quilombos e Comunidades de Fugitivos no Brasil (Séculos XVII-XIX)*. São Paulo: Unesp/Polis, 2005.

_____. No Meio das Águas Turvas (Racismo e Cidadania no Alvorecer da República: A Guarda Negra na Corte – 1888-1889). *Estudos Afro-Asiáticos*, Rio de Janeiro, n. 21, 1991.

GHOSH, Anjan. The Role of Rumor in History Writing. *History Compass*, v. 6, n. 5, 2008.

GRINBERG, Keila. Reescravização, Direitos e Justiça no Brasil do Século XIX. In: LARA, Silvia Hunold; MENDONÇA, Joseli Maria Nunes. *Direitos e Justiças no Brasil: Ensaios de História Social*. Campinas: Editora da Unicamp, 2006.

GUIMARÃES, Antonio Sergio. A República de 1889: Utopia de Branco, Medo de Preto (a Liberdade É Negra; a Igualdade, Branca e a Fraternidade, Mestiça). *Contemporânea*, São Paulo, n. 2, jul.-dez. 2011.

_____. *Preconceito Racial: Modos, Temas e Tempos*. São Paulo: Cortez, 2008.

_____. Cor e Raça: Raça, Cor e Outros Conceitos Analíticos. In: SANSONE, Lívio; PINHO, Osmundo Araújo (orgs.). *Raça: Novas Perspectivas Antropológicas*. Salvador: Associação Brasileira de Antropologia/Edufba, 2008.

GUHA, Ranajit. *Elementary Aspects of Peasant Insurgency in Colonial India*. Oxford: Oxford University Press/Oxford India Paperbacks, 1992.

HASENBALG, Carlos. *Discriminação e Desigualdades Raciais no Brasil*. Belo Horizonte/Rio de Janeiro: Editora UFMG/Iuperj, 2005.

HAWTHORNE, Walter. *From Africa to Brazil: Culture, Identity, and an Atlantic Slave Trade, 1600-1830*. New York: Cambridge University Press, 2010.

IANNI, Octavio. *As Metamorfoses do Escravo: Apogeu e Crise da Escravatura no Brasil*. São Paulo: Difusão Europeia do Livro, 1962.

JACINTO, Cristiane. A Chegada da Liberdade: As Comemorações da Abolição No Maranhão. África Brasil – V Encontro Internacional de Literaturas, Histórias e Culturas Afro-brasileiras e Africanas: Narrativas e Cidadania. Teresina, Universidade Estadual do Piauí, 24 novembro de 2017. Comunicação oral.

JESUS, Matheus Gato. *Racismo e Decadência: Sociedade, Cultura e Intelectuais em São Luís*. Tese (Doutorado), Faculdade de Filosofia, Letras e Ciências Humanas, USP, São Paulo, 2016.

JESUS, Ronaldo P. de. *Visões da Monarquia: Escravos, Operários e Abolicionismo na Corte*. Belo Horizonte: Argvmentvm, 2009.

LIMA, Carlos de. *História do Maranhão: A República*. São Luís: Instituto Geia, 2010.

LIMA, João Franzen de. A Proclamação da República no Maranhão. *Figuras da República Velha: Aspectos Políticos de uma Epoca, Scenas de Bastidores, Homens e Factos*. Rio de Janeiro: Tipografia Baptista de Souza, 1941.

LYNCH, Christian Edward Cyril. Liberdade. In: FERES JÚNIOR, João (org.). *Léxico da História dos Conceitos Políticos do Brasil*. Belo Horizonte: Editora UFMG, 2014.

MACHADO, Maria Helena Pereira Toledo. *O Plano e o Pânico: Os Movimentos Sociais na Década da Abolição*. Rio de Janeiro: Editora UFRJ/Edusp, 1994.

MACHADO, Maria Helena Pereira Toledo; CASTILHO, Celso Thomas. *Tornando-se Livre*. São Paulo: Edusp, 2015.

MARQUES, César Augusto. *Dicionário Histórico-Geográfico da Província do Maranhão*. São Luís: Edições AML, 2008.

MARTIUS, Karl Friedrich Philipp von. Como Se Deve Escrever a História do Brasil. *Revista Trimestral de História e Geografia do Instituto Histórico e Geográfico Brasileiro*, n. 24, jan. 1845.

MATA, Iacy Maia. Libertos de Treze de Maio e Ex-Senhores na Bahia: Conflitos no Pós-Abolição. *Afro-Ásia*, n. 35, 2007.

MATTOS, Hebe. *Das Cores do Silêncio: Os Significados da Liberdade no Sudeste Escravista (Brasil, Século XIX)*. Campinas: Editora da Unicamp, 2013.

____. *Escravidão e Cidadania no Brasil Monárquico*. Rio de Janeiro: Jorge Zahar, 2004.

MCADAM, Doug; TARROW, Sidney; TILLY, Charles. Para Mapear o Confronto Político. *Lua Nova*, São Paulo, n. 76, 2009.

MEIRELES, Mario. *História do Maranhão*. São Paulo: Siciliano, 2001.

____. *Dez Estudos Históricos*. São Luís: Alumar, 1994.

MELLO, Evaldo Cabral de. *O Norte Agrário e o Império (1871-1889)*. Rio de Janeiro: Topbooks, 1999.

MESQUITA, Francisco de Assis Leal. *Vida e Morte da Economia Algodoeira do Maranhão: Uma Análise das Relações de Produção na Cultura do Algodão (1850-1890)*. São Luís: Edufma, 1987.

MILES, Robert; BROWN, Malcolm. *Racism*. London/New York: Routledge, 2003.

MIRANDA, Clícea Maria Augusto de. *Guarda Negra da Redentora: Verso e Reverso de uma Combativa Associação de Libertos*. Dissertação (Mestrado), Programa de Pós-Graduação em História da Universidade Estadual do Rio de Janeiro, 2006.

____. Memórias e Histórias da Guarda Negra: Verso e Reverso de uma Combativa Organização de Libertos. In: MACHADO, Maria Helena P.T.; CASTILHO, Celso Thomas (orgs.). *Tornando-se Livre: Agentes Históricos e Lutas Sociais no Processo de Abolição*. São Paulo: Edusp, 2015.

MONSMA, Karl. *A Reprodução do Racismo: Fazendeiros, Negros e Imigrantes no Oeste Paulista*. São Carlos: Edufscar, 2016.

____. "Pânico e Repressão: A Reação à Abolição das Elites nas Regiões de Cafeicultura Paulistas". *Anais do XXVI Simpósio Nacional de História – ANPUH*, São Paulo, jul. 2011.

MONTELLO, Josué. *Os Tambores de São Luís*. Rio de Janeiro: Nova Fronteira, 2005.

____. *Janela de Mirante*. São Luís: Sioge, 1993.

NEEDELL, J.D. Brazilian Abolitionism, its Historiography, and the Uses of Political History. *Journal of Latin American Studies*, v. 42, 2010.

PEREIRA, Roberto Augusto A. Marinheiros, Moleques e Heróis: Alguns Personagens da Capoeira do Maranhão de Fins do Século XIX (1880-1900). *Afro-Ásia*, n. 58, 2018.

RAMOS, Guerreiro. *Introdução Crítica à Sociologia Brasileira*. Rio de Janeiro: Ed. UFRJ, 1995.

REIS, Flávio. *Grupos Políticos e Estrutura Oligárquica no Maranhão*. São Luís: Edição do Autor, 2013.

RIOS, Ana Lugão; MATTOS, Hebe. *Memórias do Cativeiro: Família, Trabalho e Cidadania no Pós-Abolição*. Rio de Janeiro: Civilização Brasileira, 2005.

RIOS, Flavia. *Elite Política Negra no Brasil: Relação Entre Movimento Social, Partidos e Estado*. Tese (Doutorado), Faculdade de Filosofia, Letras e Ciências Humanas, USP, São Paulo, 2014.

_____. *Institucionalização do Movimento Negro no Brasil Contemporâneo*. Dissertação (Mestrado em Sociologia), Faculdade de Filosofia, Letras e Ciências Humanas, USP, São Paulo, 2009.

SAHLINS, Marshall. *Ilhas de História*. Rio de Janeiro: Jorge Zahar, 2003.

SANTOS, Cristiane Pinheiro Jacinto dos. *Festejando a Liberdade: O 13 de Maio no "Diário do Maranhão" e na "Pacotilha"*. 2017. (Manuscrito.)

SCHWARCZ, Lilia K. *O Espetáculo das Raças: Cientistas, Instituições e Questão Racial no Brasil, 1870-1930*. São Paulo: Companhia das Letras, 1993.

SCHWARTZ, Stuart. *Escravos, Roceiros e Rebeldes*. Bauru: Edusc, 2001.

SEWELL JR., William H. Historical Events as Transformations of Structures: Inventing Revolution at the Bastille. *Theory and Society*, v. 25, n. 6, dec. 1996.

SILVÉRIO, Walter Roberto. Multiculturalismo e Metamorfose na Racialização: Notas Preliminares Sobre a Experiência Contemporânea Brasileira. In: BONELLI, Maria da Gloria; LANDA, Martha Diaz Villegas de (orgs.). *Sociologia e Mudança Social no Brasil e na Argentina*. São Carlos: Compacta Gráfica e Editora, 2013.

SKIDMORE, Thomas. *Preto no Branco: Raça e Nacionalidade no Pensamento Brasileiro*. São Paulo: Paz e Terra, 1976.

SOARES, Carlos Eugênio Líbano. A Guarda Negra: A Capoeira no Palco da Política. *Revista de Textos do Brasil*. Brasília: Ministério das Relações Exteriores, 2008.

SOARES, Luiz Eduardo. *Campesinato: Ideologia e Política*. Rio de Janeiro: Zahar, 1981.

SOUZA FILHO, Benedito. *Bom Sucesso: Terra de Preto, Terra de Santo, Terra Comum*. São Luís: Edufma, 2008.

TELLES, Edward. *Racismo à Brasileira*. Rio de Janeiro: Relume-Dumará/Fundação Ford, 2003.

THOMPSON, Edward Palmer. *A Formação da Classe Operária Inglesa*. Rio de Janeiro: Paz e Terra, 1987. 3 v.

TOMICH, Dale. *Pelo Prisma da Escravidão: Trabalho, Capital e Economia Mundial*. São Paulo: Edusp, 2011.

VIANNA, Hildegardes. *A Proclamação da República na Bahia: Aspectos Folclóricos*. Salvador: Editora da Ufba, 1955.

VIEIRA FILHO, Domingos. *Breve História das Ruas e Praças de São Luís*. Rio de Janeiro: Gráfica Olímpica Editora, 1971.

XAVIER, Giovana; FARIAS, Juliana Barreto; GOMES, Flávio (orgs.). *Mulheres Negras no Brasil Escravista e do Pós-Emancipação*. São Paulo: Selo Negro, 2012.

Créditos das Imagens, Quadros e Tabelas

ANÚNCIOS DE TRABALHO: 1º SEMESTRE DE 1888
Recortes dos jornais *Pacotilha* (1888), *Diário do Maranhão* (1888) e *O Paiz* (1888). Elaboração própria.
[p. 54]

IMPÉRIO DO BRASIL
Concentração Percentual da População Escravizada no Brasil. *Recenseamento do Brazil em 1872*. Rio de Janeiro: Typ. G. Leuzinger, [1874?] População Brasileira Por Província. *Recenseamento do Brazil em 1872*. Rio de Janeiro: Typ. G. Leuzinger, [1874?].
[p. 43]

JOAQUIM MARQUES RODRIGUES NETO E PE. MANOEL GONÇALVES DA CRUZ
Mapa Demonstrativo dos Corpos Sepultados no Cemitério da Santa Casa de Misericordia, nos Dias 18 e 19 de Novembro de 1889. Cemitério da Santa Casa de Misericórdia, 28 de Junho de 1890. Extraído de José Thomaz da Porciuncula, *Relatório Com Que o Exmo Im. Dr. Thomaz da Porciuncula passou à Administração do Estado em 7 de Julho de 1890*, p. 6.
[p. 13]

JOAQUIM MARQUES RODRIGUES NETO, DR. AFFONSO SAULNIER DE PIERRELEVÉE E DR. FRANCISCO JOAQUIM FERREIRA NINA
Mapa Demonstrativo dos Individuos Baleados e Entrados Para Este Hospital no Dia 17 de Novembro de 1889, com Declaração dos Ferimentos, Operações, Curados e Falecidos. Cemitério da Santa Casa de Misericordia, [s.d.]. Extraído de José Thomaz da Porciuncula, *Relatório Com Que o Exmo Im.*

Dr. Thomaz da Porciuncula passou à Administração do Estado em 7 de Julho de 1890, p. 6.
[p. 13]

JOSÉ MURILO DE CARVALHO
Hierarquias Sociais no Brasil no Século XIX. Tabela extraída de *Pontos e Bordados*, p. 74.
[p. 38]

LAEMMERT & CIA.
Frontispício da Tese de Doutorado em Medicina *Do Parto e Suas Consequências na Espécie Negra*, de Justo Jansen Ferreira, pela faculdade do Rio de Janeiro, 1887.

MATTHIAS RÖHRIG ASSUNÇÃO
Mapa da Produção do Maranhão (1860). Imagem extraída de Matthias Röhrig Assunção, *De Caboclos a Bem-Te-Vis*, p. 501.

MOBILIZAÇÃO POLÍTICA EM PROL DA INDENIZAÇÃO
Maranhão, julho e agosto de 1888. Elaboração própria, a partir da leitura dos jornais *Pacotilha*, *Diário do Maranhão* e *O Paiz*, edições referentes aos meses de julho e agosto de 1888.
[p. 78-79]

PAULA DUARTE
Primeira Página do Jornal Republicano *O Novo Brazil*,19 de agosto de 1888.
[p. 86]

PAULA DUARTE E CASIMIRO JÚNIOR
Notícia da Proclamação da República no jornal *O Globo*, 16 de novembro de 1889.
[p. 99]

SOUSÂNDRADE
Bandeira do Estado do Maranhão, adotada oficialmente do dia 29 de dezembro de 1889.
[p. 135]

VICTOR LOBATO E BARBOSA DE GODÓIS
Pacotilha, 18 de março de 1889.
[p. 53]

Agradecimentos

Esta pesquisa foi desenvolvida na Universidade de São Paulo (USP), com o suporte de uma bolsa de estudos concedida pela Fundação de Amparo à Pesquisa do Estado de São Paulo (Fapesp). Sou profundamente grato pelas excelentes condições de trabalho providas por essas instituições. Agradeço à Fundação Biblioteca Nacional, no Rio de Janeiro, à Biblioteca Pública Benedito Leite e ao Arquivo Público do Maranhão, em São Luís, pelo papel desempenhado na salvaguarda da memória nacional brasileira. Sem o concurso dessas instituições teria sido impossível realizar esta pesquisa.

Muitas pessoas colaboraram para que este livro fosse escrito. Devo ao professor Antonio Sergio Alfredo Guimarães, meu orientador, a sugestão de que os eventos em torno do Massacre de 17 de Novembro, ocorrido em São Luís do Maranhão, mereciam se tornar um livro e o incentivo contínuo a prosseguir com os estudos sobre o assunto. Os primeiros resultados de minhas investigações foram apresentados no congresso internacional História do Pós-Abolição nas Américas, realizado na Universidade Federal Fluminense, em Niterói, no ano de 2012. Agradeço aos professores Hebe Mattos, Martha Abreu, George Reid Andrews, Karl Monsma, Wlamyra Ribeiro de Albuquerque, Kim Butler e

James P. Woodard, Giovana Xavier pelos comentários e sugestões recebidos nessa ocasião. Uma segunda oportunidade de debater a pesquisa ocorreu no seminário internacional Emancipação, Inclusão e Exclusão: Desafios do Passado e do Presente, realizado na Universidade de São Paulo, no dia 12 de agosto de 2013. Sou grato aos professores Lilia Schwarcz, Maria Helena P.T. Machado, Flavio Gomes, Luiz Felipe de Alencastro e Keila Grinberg pelas críticas perspicazes.

No Programa de Pós-Graduação em Sociologia da USP pude apresentar alguns capítulos desta obra no Seminário de Sociologia, Política e História da USP, coordenado pela professora Angela Alonso, bem como no grupo de pesquisa Raça, Desigualdade e Política, coordenado pela professora Marcia Lima; ambos propiciaram um ambiente estimulante de debates acerca dos desafios da sociologia histórica frente à questão racial. O professor Sedi Hirano, com sua vasta experiência em sociologia histórica, realizou uma leitura minuciosa de todos os capítulos deste trabalho e suas observações foram valiosas.

Os pesquisadores Gustavo T. Taniguti, Benno Warken, Flavio Thales Ribeiro Francisco, Gustavo Rossi, Edilza Sotero, Paulo C. Ramos, Denise Carvalho, Gabriela Martins, Ana Barone, Rogério Barbosa, Jorge Maurício Herrera Acuña, Regina Helena Faria discutiram versões preliminares deste livro e me auxiliaram a refinar as hipóteses de trabalho e a estrutura do texto. Jailson Galvão Rocha, Kellyni Mota, Luiz Alberto Ferreira, em São Luís do Maranhão, se esforçaram por coletar e confirmar as referências de diversas fontes utilizadas. Tatiana Lotierzo realizou uma revisão primorosa dos originais e contribuiu com valiosas sugestões empíricas e teóricas. Gita Guinsburg, diretora da editora Perspectiva, acolheu calorosamente este projeto, enfatizando a importância de romper alguns silêncios na história brasileira.

No primeiro semestre de 2016, na Universidade de Princeton, reencontrei o querido professor Arcadio Díaz-Quiñones. Agradeço-lhe os comentários sobre a versão preliminar dos primeiros capítulos deste livro, além de sua preciosa sugestão para que eu observasse o tratamento da questão do rumor nos chamados estudos subalternos, desenvolvidos na Índia. Os professores Sidney Chalhoub e Alejandro de la Fuente receberam-me na Universidade de Harvard no segundo semestre de 2017. As excelentes condições de trabalho propiciadas pelo Hutchins Center For African & African American Research, o rico ambiente de troca de ideias, debates e seminários constituem uma das experiências acadêmicas mais marcantes de minha carreira.

Possuo um temperamento dos mais difíceis na vida familiar. Assim, sou mais do que agradecido a Maria Lucia Gato de Jesus, Bárbara Gato de Jesus, Flavia Rios, Jorge Mateus Gato de Jesus e Alex Ratts, pelo carinho e compreensão.

Este livro foi impresso na cidade de Cotia,
nas oficinas da Meta Brasil, para a Editora Perspectiva.